天上生生完晶晶

THE SKY IS BRIGHT WITH STARS

and other essays

READINGS IN
CHINESE
CULTURE SERIES

VOLUME

1

INTERMEDIATE LOW

第一册

Weijia Huang 黄伟嘉
Boston University

Qun Ao 敖群
**United States Military Academy,
West Point**

CHENG & TSUI COMPANY

Boston

20 19 18 17 16 15 14   2 3 4 5 6 7 8 9 10

Published by
Cheng & Tsui Company, Inc.
25 West Street
Boston, MA 02111-1213 USA
Fax (617) 426-3669
www.cheng-tsui.com
"Bringing Asia to the World"™

Illustrations: Mengling Liu

ISBN 978-0-88727-818-1

Library of Congress Cataloging-in-Publication Data
Cataloging-in-publication data is available for this title.

✦ 目录 ✦
✧ 目錄 ✧

Contents

Preface

Despite the variety of Chinese textbooks available today, the need for a coherent sequence of reading materials, suitable for multiple levels of Chinese proficiency, remains. Cheng & Tsui Company recently invited us to develop such a series, starting from beginning Chinese and proceeding to advanced—a challenge we were delighted to meet.

This series of reading materials shall consist of five volumes, corresponding to five progressive levels of Chinese proficiency. Volume one is suitable for use by students in the second semester of their first year of Chinese study, or at the "Intermediate Low" level, according to ACTFL proficiency guidelines (please visit **www.actfl.org** for more information). Volumes two and three are designed for students in the first and second semesters, respectively, of their second year of study, or levels "Intermediate Mid" and "Intermediate High." Volumes four and five are appropriate for students in the first and second semesters, respectively, of third year Chinese: "Advanced Low" and "Advanced Mid."

The Sky Is Bright with Stars is the first volume of this Cheng & Tsui Readings in Chinese Culture Series. It is intended for students in the second semester of a first-year Chinese course.

Each volume consists of ten lessons. The text of each lesson is approximately five hundred characters in length and has a list of approximately thirty new vocabulary items. The vocabulary lists were chosen based on popular, standard Chinese language textbooks, and selections were further solidified after field testing. Exercises are provided at the end of each lesson in a variety of formats: matching related words, multiple-choice questions, questions covering essay content, and discussion questions for oral practice. Answer keys and a vocabulary index can be found at the end of each volume.

To accommodate a diverse range of proficiency levels and learning practices, each lesson also includes a list of frequently used words and phrases that are similar in meaning to vocabulary items, or otherwise related to the essay. In an appendix at the back of this book, the full text of each essay is also provided in *pinyin*, together with simplified Chinese characters, in consideration of various language levels and teaching styles. Furthermore, each lesson's text, vocabulary, and exercises are printed on facing pages in both simplified and traditional characters. The answer keys and index also provide both character forms.

We wrote the essays in such a way that the prose not only conforms to standard Mandarin Chinese, but also retains a smooth and straightforward flow. To ensure that students continue to review previously learned material, later lessons incorporate grammar patterns and vocabulary words that appear in earlier lessons.

At present, many American high schools have begun to offer an Advanced Placement (AP®) Program in Chinese, and the AP® curriculum specifically emphasizes the need for students to understand and appreciate Chinese culture while studying the language. In preparing this series of reading materials, we made a concerted effort to ensure that linguistic practice is seamlessly integrated with the acquisition of cultural knowledge, so that students may understand both contemporary and historical Chinese culture through language learning. In order to accurately reflect both China's historical traditions and modern trends, all lessons that refer to classical stories include the original text along with its source. We also consulted various relevant materials and verified facts for all lessons that discuss present-day social issues.

We believe that students will find these compiled essays both intellectually stimulating and engaging. Our goal is that this series' lessons will help students broaden their linguistic range, stimulate their interest in learning Chinese, boost their reading comprehension level, and strengthen their understanding of Chinese culture.

We sincerely hope this series of reading materials will be of use to all students of Chinese—whether they are taking AP® Chinese language and culture courses in high school, are enrolled in Chinese language courses in college, or are studying Chinese independently.

We want to thank Cheng & Tsui Company for giving us the opportunity to create this series and for making many valuable suggestions. Our sincere thanks also go to Sam Lasser, of the Cheng & Tsui editorial department, for his great support and excellent work on this project. Our gratitude also extends to Ms. Mengling Liu for her excellent illustrations in this volume.

Any comments or criticisms from teachers and students alike would be gladly welcomed. These insights would be invaluable for the improvement of future editions of this book. Please direct any feedback to: **editor@cheng-tsui.com**.

Weijia Huang and Qun Ao
June 2011
Boston

编写说明

　　现在用于课堂语法教学的中文教材很多，但是缺少合适的不同层次的系列阅读教材，波士顿剑桥出版社约我们编写一套从初级到高级的阅读教材，我们欣然应承了下来。

　　这套教材共五册，涵盖五个不同的阶段。第一册适用于一年级第二学期，按照美国外语教学委员会(ACTFL)的语言标准，大致属于中低级水平；第二册适用于二年级第一学期，属于中中级水平；第三册适用于二年级第二学期，属于中高级水平；第四册适用于三年级第一学期，属于高低级水平；第五册适用于三年级第二学期，属于高中级水平。本册《天上星星亮晶晶》是第一册。

　　每一册有十篇课文，每篇课文500字左右，有30个生词。词汇的选用参考了常用的同等水平的汉语课本。每课后面有练习，练习包括词语连接，选择答案，思考讨论等形式。每册后面有练习答案和生词索引。

編寫說明

　　現在用於課堂語法教學的中文教材很多，但是缺少合適的不同層次的系列閱讀教材，波士頓劍橋出版社約我們編寫一套從初級到高級的閱讀教材，我們欣然應承了下來。

　　這套教材共五冊，涵蓋五個不同的階段。第一冊適用於一年級第二學期，按照美國外語教學委員會(ACTFL)的語言標准，大致屬於中低級水平；第二冊適用於二年級第一學期，屬於中中級水平；第三冊適用於二年級第二學期，屬於中高級水平；第四冊適用於三年級第一學期，屬於高低級水平；第五冊適用於三年級第二學期，屬於高中級水平。本冊《天上星星亮晶晶》是第一冊。

　　每一冊有十篇課文，每篇課文500字左右，有30個生詞。詞匯的選用參考了常用的同等水平的漢語課本。每課後面有練習，練習包括詞語連接，選擇答案，思考討論等形式。每冊後面有練習答案和生詞索引。

为了帮助学生阅读，书后面附有拼音课文；为了扩展学生的词汇量，课后面列有与课文内容相关的常用同类词语；为了照顾使用不同字体的学生，课文、生词、练习以及答案都采用繁简两种形式。为了让学生能够反复练习语法和词语，后面课文尽量重复前面课文的语法点和生词。

课本是学生学习的范本。虽然这是一套阅读教材，但我们编写时仍是如履薄冰，战战兢兢，丝毫不敢大意。我们力求做到每篇课文主题明确、内容生动；思路清晰、论述合理；而且特别注意用词规范、标点准确；语句通顺、行文流畅。其实这五十篇课文涵盖文化内容多、跨越难易幅度大，加之课文字数及生词量的限制，撰写起来并不容易。

现在美国的中学已经开始中文AP课程了，中文AP课程强调学生在学习中文的同时了解中国文化，我们在编写这套教材时就特别注重语言实践和文化体认相结合。

为了准确地表现中国传统文化和现代文化，我们在撰写课文时，凡是涉及到古文的都对照了原文，并且在课文后附录了原文，标明了出处；凡是阐述现代社会问题的都查阅了文献，核实了相关的信息，诸如年代、数字等等。

本教材编写宗旨是：通过一系列知识性和趣味性的课文，开阔学生学习中文的空间；激发学生学习中文的兴趣；提高学生阅读中文的水平；增强学生理解中国文化的能力。我们希望这套系列阅读教為了幫助學生閱讀，書後面附有拼音課文；為了擴展學生的詞彙量，課後面列有與課文內容相關的常用同類詞語；為了照顧使用不同字體的學生，課文、生詞、練習以及答案都采用繁簡兩種形式。為了讓學生能夠反複練習語法和詞語，後面課文盡量重複前面課文的語法點和生詞。

　　課本是學生學習的範本。雖然這是一套閱讀教材，但我們編寫時仍是如履薄冰，戰戰兢兢，絲毫不敢大意。我們力求做到每篇課文主題明確、內容生動；思路清晰、論述合理；而且特別注意用詞規範、標點准確；語句通順、行文流暢。其實這五十篇課文涵蓋文化內容多、跨越難易幅度大，加之課文字數及生詞量的限制，撰寫起來並不容易。

　　現在美國的中學已經開始中文AP課程了，中文AP課程強調學生在學習中文的同時了解中國文化，我們在編寫這套教材時就特別注重語言實踐和文化體認相結合。

　　為了准確地表現中國傳統文化和現代文化，我們在撰寫課文時，凡是涉及到古文的都對照了原文，並且在課文後附錄了原文，標明了出處；凡是闡述現代社會問題的都查閱了文獻，核實了相關的信息，諸如年代、數字等等。

　　本教材編寫宗旨是：通過一系列知識性和趣味性的課文，開闊學生學習中文的空間；激發學生學習中文的興趣；提高學生閱讀中文的水平；增強學生理解中國文化的能力。我們希望這套系列閱讀教材，对于参加中文AP课程的中学生和选修中文课的大学生以及自学中文的人都能有所帮助。

我们感谢波士顿剑桥出版社给我们这次机会编写这套教材，感谢 Sam Lasser 先生为本书编辑做了大量的工作。我们还特别感谢刘梦零小姐为本书绘制了一系列精美的插图。由于我们水平有限，错误之处还请老师和同学指正。

黄伟嘉 敖群 2011年6月于波士顿

材，對於參加中文AP課程的中學生和選修中文課的大學生以及自學中文的人都能有所幫助。

　　我們感謝波士頓劍橋出版社給我們這次機會編寫這套教材，感謝 Sam Lasser 先生為本書編輯做了大量的工作。我們還特別感謝劉夢零小姐為本書繪製了一系列精美的插圖。由於我們水準有限，錯誤之處還請老師和同學指正。

　　　　　　　黃偉嘉　敎群　2011年6月於波士頓

Abbreviations of Parts of Speech

Part of Speech	English Definition	Simplified Characters	Traditional Characters	Pinyin
n.	noun	名词	名詞	míngcí
v.	verb	动词	動詞	dòngcí
aux.	auxiliary verb	助动词	助動詞	zhùdòngcí
vo.	verb-object	动宾词组	動賓詞組	dòngbīncízǔ
vc.	verb complement structure	动补结构	動補結構	dòngbǔjiégòu
adj.	adjective	形容词	形容詞	xíngróngcí
pn.	pronoun	代词	代詞	dàicí
m.	measure word	量词	量詞	liàngcí
num.	numeral	数词	數詞	shùcí
adv.	adverb	副词	副詞	fùcí
prep.	preposition	介词	介詞	jiècí
prep...o.	preposition-object	介词结构	介詞結構	jiècíjiégòu
conj.	conjunction	连词	連詞	liáncí

Part of Speech	English Definition	Simplified Characters	Traditional Characters	Pinyin
par.	particle	助词	助詞	zhùcí
int.	interjection	叹词	嘆詞	tàncí
id.	idioms	成语	成語	chéngyǔ
prn.	proper noun	专用名词	專用名詞	zhuànyòngmíngcí
ce.	common expression	常用语	常用語	chángyòngyǔ

一

◆ 为什么尊敬老人? ◆
◆ 為什麼尊敬老人? ◆

Why Do We Respect Elderly People?

全世界的人都尊敬老人，但是中国人特别尊敬老人，我们常常看到在公共汽车上有人给老人让座位，过马路的时候有人搀扶着老人。中国许多城市都有老年大学，有老年活动中心，还有老年婚姻介绍所。

中国人为什么特别尊敬老人呢？这是因为很早以前没有文字，人们没有书，也没有字典，生活中所有的知识都是老人教给年轻人的。老人生活的时间长，知道的事情多，不管谁有了问题，遇到了麻烦，都会去问老人。

问老人的时候一定要有礼貌，你要有礼貌地对老人说："老人家，请问您一个问题。""老人家，请您告诉我，这件事情应该怎么做？"老人听了很高兴，就会回答你的问题，也愿意把知识都教给你。

如果你没有礼貌地对老人说："喂，老头儿，告诉我，这是什么？"老人一定会不高兴。老人要是不高兴了，你什么知识也都学不到了。

古时候老人就像老师一样，可以教大家许多知识，可以帮大家很多忙，所以大家都特全世界的人都尊敬老人，但是中國人特別尊敬老人，我們常常看到在公共汽車上有人給老人讓座位，過馬路的時候有人攙扶著老人。中國許多城市都有老年大學，有老年活動中心，還有老年婚姻介紹所。

中國人為什麼特別尊敬老人呢？這是因為很早以前沒有文字，人們沒有書，也沒有字典，生活中所有的知識都是老人教給年輕人的。老人生活的時間長，知道的事情多，不管誰有了問題，遇到了麻煩，都會去問老人。

問老人的時候一定要有禮貌，你要有禮貌地對老人說："老人家，請問您一個問題。""老人家，請您告訴我，這件事情應該怎麼做？"老人聽了很高興，就會回答你的問題，也願意把知識都教給你。

如果你沒有禮貌地對老人說："喂，老頭兒，告訴我，這是什麼？"老人一定會不高興。老人要是不高興了，你什麼知識也都學不到了。

古時候老人就像老師一樣，可以教大家許多知識，可以幫大家很多忙，所以大家都特别尊敬老人，慢慢地也就养成了尊敬老人的习惯。

后来有了文字，有了书，也有了字典，这时候人们生活中再出现了问题，再遇到了麻烦，就可以去查书、查字典，不再像以前那样需要去问老人问题了。

虽然人们不需要问老人问题了，但是几千年来大家都已经养成了尊敬老人的习惯了，所以一直到今天，中国人还是跟以前一样特别尊敬老年人。

別尊敬老人，慢慢地也就養成了尊敬老人的習慣。

後來有了文字，有了書，也有了字典，這時候人們生活中再出現了問題，再遇到了麻煩，就可以去查書、查字典，不再像以前那樣需要去問老人問題了。

雖然人們不需要問老人問題了，但是幾千年來大家都已經養成了尊敬老人的習慣了，所以一直到今天，中國人還是跟以前一樣特別尊敬老年人。

◆ 生词 ◆
◆ 生詞 ◆

New Vocabulary

Simplified Characters	Traditional Characters	Pinyin	Part of Speech	English Definition
1. 全世界	全世界	quánshìjiè	n.	the whole world
2. 尊敬	尊敬	zūnjìng	v.	respect; honor
3. 特别	特別	tèbié	adv.	especially; particularly
4. 公共汽车	公共汽車	gōnggòng qìchē	n.	bus
5. 让座位	讓座位	ràngzuòwèi	vo.	offer (or give up) one's seat to sb.
6. 过马路	過馬路	guòmǎlù	vo.	cross the street
7. 搀扶	攙扶	chānfú	v.	support sb. with one's hand
8. 城市	城市	chéngshì	n.	city; town
9. 活动中心	活動中心	huódòng zhōngxīn	n.	activity center
10. 婚姻介绍所	婚姻介紹所	hūnyīn jièshàosuǒ	n.	matrimonial agency

	Simplified Characters	Traditional Characters	Pinyin	Part of Speech	English Definition
11.	文字	文字	wénzì	*n.*	characters
12.	生活	生活	shēnghuó	*n.*	life
13.	所有	所有	suǒyǒu	*adj.*	all
14.	知识	知識	zhīshi	*n.*	knowledge
15.	不管	不管	bùguǎn	*conj.*	no matter (what, how, etc.)
16.	问题	問題	wèntí	*n.*	problem; trouble
17.	遇到	遇到	yùdào	*v.*	meet unexpectedly; run into
18.	麻烦	麻煩	máfan	*n.*	trouble; problem
19.	礼貌	禮貌	lǐmào	*n.*	courtesy; politeness
20.	老人家	老人家	lǎorénjia	*n.*	a respectful form of address for an old person
21.	应该	應該	yīnggāi	*aux.*	should; ought to
22.	愿意	願意	yuànyì	*v.*	be willing; like
23.	如果	如果	rúguǒ	*conj.*	if; in case
24.	喂	喂	wèi	*int.*	hello; hey
25.	老头儿	老頭兒	lǎotóur	*n.*	(informal) old man; old chap
26.	养成	養成	yǎngchéng	*vr.*	get used to
27.	习惯	習慣	xíguàn	*n.*	custom; habit
28.	出现	出現	chūxiàn	*v.*	appear; arise
29.	需要	需要	xūyào	*v.*	need; want
30.	一直	一直	yīzhí	*adv.*	continuously; always

常用的有关年纪的词语 ✦
常用的有關年紀的詞語 ✦

Commonly Used Related Words and Phrases

	Simplified Characters	Traditional Characters	Pinyin	Part of Speech	English Definition
1.	婴儿	嬰兒	yīng'ér	n.	infant
2.	幼儿	幼兒	yòu'ér	n.	child; infant
3.	小孩儿	小孩兒	xiǎoháir	n.	child
4.	儿童	兒童	értóng	n.	children
5.	童年	童年	tóngnián	n.	childhood
6.	少年	少年	shàonián	n.	early youth
7.	少女	少女	shàonǚ	n.	young girl
8.	少男	少男	shàonán	n.	young boy
9.	青少年	青少年	qīngshàonián	n.	teenagers; adolescence
10.	年轻（人）	年輕（人）	niánqīng (rén)	n.	youth; young people
11.	青年（人）	青年（人）	qīngnián (rén)	n.	youth; young people
12.	小伙子	小夥子	xiǎohuǒzi	n.	young fellow; boy

8 | *Why Do We Respect Elderly People?*

	Simplified Characters	Traditional Characters	Pinyin	Part of Speech	English Definition
13.	大姑娘	大姑娘	dàgūniang	*n.*	girl
14.	壮年	壯年	zhuàngnián	*n.*	the more robust years of a person's life (between 30 and 50)
15.	中年（人）	中年（人）	zhōngnián (rén)	*n.*	middle age; middle-aged person
16.	老年（人）	老年（人）	lǎonián (rén)	*n.*	old age; the elderly

一、连接意思相关的词语

Link the related words

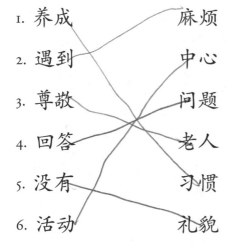

1. 养成   麻烦

2. 遇到   中心

3. 尊敬   问题

4. 回答   老人

5. 没有   习惯

6. 活动   礼貌

練習	
Exercises	

一、連接意思相關的詞語
Link the related words

....

1. 養成　　　　麻煩

2. 遇到　　　　中心

3. 尊敬　　　　問題

4. 回答　　　　老人

5. 沒有　　　　習慣

6. 活動　　　　禮貌

二、选择合适的短语完成句子

Choose the most appropriate phrase to complete the sentence

1. 古时候老人像老师一样，可以
    a. 教你怎么查字典。
    b. 教我们很多知识。
    c. 教大家尊敬老人。

2. 问老人问题的时候
    a. 要去老年活动中心。
    b. 要搀扶老人过马路。
    c. 要对老人很有礼貌。

3. 老人生活时间长，知道的事多，所以
    a. 不管谁有问题都会去问老人。
    b. 不管做什么事都要告诉老人。
    c. 不管谁都有尊敬老人的习惯。

4. 一直到今天，中国人还是跟以前一样
    a. 没有书没有字典。
    b. 扶着老人过马路。
    c. 特别尊敬老年人。

二、選擇合適的短語完成句子
Choose the most appropriate phrase to complete the sentence

1. 古時候老人像老師一樣，可以
   a. 教你怎麼查字典。
   b. 教我們很多知識。
   c. 教大家尊敬老人。

2. 問老人問題的時候
   a. 要去老年活動中心。
   b. 要攙扶老人過馬路。
   c. 要對老人很有禮貌。

3. 老人生活時間長，知道的事多，所以
   a. 不管誰有問題都會去問老人。
   b. 不管做什麼事都要告訴老人。
   c. 不管誰都有尊敬老人的習慣。

4. 一直到今天，中國人還是跟以前一樣
   a. 沒有書沒有字典。
   b. 扶著老人過馬路。
   c. 特別尊敬老年人。

三、找出正确的答案
Choose the correct answer

1. 为什么中国人特别尊敬老人？
   a. 因为老人常常问很多问题。
   (b.) 因为老人教大家很多知识。
   c. 因为老人都上了老年大学。

2. 为什么现在不再像以前那样需要去问老人问题了？
   (a.) 人们可以查书和查字典了。
   b. 老年人知道的事情不多了。
   c. 人们没有那么多的问题了。

3. 为什么问老人问题的时候一定要有礼貌？
   a. 如果你有礼貌，老人就愿意坐公共汽车。
   b. 如果你有礼貌，老人就愿意去活动中心。
   (c.) 如果你有礼貌，老人就会回答你的问题。

4. 哪一种问问题的方法有礼貌？
   a. 老头儿，快回答我的问题。
   (b.) 老人家，请问您一个问题。
   c. 老头儿，告诉我这是什么？

三、找出正確的答案
Choose the correct answer

1. 為什麼中國人特別尊敬老人?
    a. 因為老人常常問很多問題。
    b. 因為老人教大家很多知識。
    c. 因為老人都上了老年大學。

2. 為什麼現在不再像以前那樣需要去問老人問題了?
    a. 人們可以查書和查字典了。
    b. 老年人知道的事情不多了。
    c. 人們沒有那麼多的問題了。

3. 為什麼問老人問題的時候一定要有禮貌?
    a. 如果你有禮貌,老人就願意坐公共汽車。
    b. 如果你有禮貌,老人就願意去活動中心。
    c. 如果你有禮貌,老人就會回答你的問題。

4. 哪一種問問題的方法有禮貌?
    a. 老頭兒,快回答我的問題。
    b. 老人家,請問您一個問題。
    c. 老頭兒,告訴我這是什麼?

四、思考问题，说说你的看法
Think about the questions and talk about your perspective

1. 你尊敬老人吗？你做了哪些尊敬老人的事情？

2. 说说你们国家是怎样尊敬老人的？

3. 你现在有问题还会去问老人吗？为什么？

四、思考問題，說說你的看法
Think about the questions and talk about your perspective

1. 你尊敬老人嗎？你做了哪些尊敬老人的事情？

2. 說說你們國家是怎樣尊敬老人的？

3. 你現在有問題還會去問老人嗎？為什麼？

二

◆ 狗是人的好朋友 ◆
◆ 狗是人的好朋友 ◆

Dogs Are People's Good Friends

我家养了一只小狗，白白的卷毛，黑黑的眼睛，长得可好看了。我每次回家的时候，它都高兴地对着我叫，让我抱它；每次出门的时候，它抓我的裤脚，让我带它出去玩。

我们家吃饭的时候，它就趴在我的脚下，眼巴巴地看着我，有时候我想给它一块肉，爸爸说不要随便给狗吃东西，它有自己的饭。小狗看我不理它，就会对着我叫几声，这时候它的声音有点儿可怜。

我问爸爸，人为什么要养狗呢？爸爸说狗是人的好朋友，狗可以帮助人们做事情，也可以救人的生命，他给我讲了两个狗的故事。

以前有个叫杨生的人养了一只狗，一天杨生喝醉了，在路边的草地上睡着了。这时候远处的草地着火了，火很快向这边烧过来。杨生的狗拼命地叫，可是杨生听不见。狗看见旁边有个小水沟，就跑过去把身上弄湿，再跑回来把水洒在杨生的身边。就这样来来回回几十次，把杨生身边的草地都弄湿了，最后火烧过来的时候没有烧到杨生。

我家養了一隻小狗，白白的卷毛，黑黑的眼睛，長得可好看了。我每次回家的時候，它都高興地對著我叫，讓我抱它；每次出門的時候，它抓我的褲腳，讓我帶它出去玩。

我們家吃飯的時候，它就趴在我的腳下，眼巴巴地看著我，有時候我想給它一塊肉，爸爸說不要隨便給狗吃東西，它有自己的飯。小狗看我不理它，就會對著我叫幾聲，這時候它的聲音有點兒可憐。

我問爸爸，人為什麼要養狗呢？爸爸說狗是人的好朋友，狗可以幫助人們做事情，也可以救人的生命，他給我講了兩個狗的故事。

以前有個叫楊生的人養了一隻狗，一天楊生喝醉了，在路邊的草地上睡著了。這時候遠處的草地著火了，火很快向這邊燒過來。楊生的狗拼命地叫，可是楊生聽不見。狗看見旁邊有個小水溝，就跑過去把身上弄濕，再跑回來把水灑在楊生的身邊。就這樣來來回回幾十次，把楊生身邊的草地都弄濕了，最後火燒過來的時候沒有燒到楊生。

还有一个故事说，有一年冬天很冷，有个妈妈傍晚的时候带着孩子和狗去山里捡柴。孩子走得慢，落在后边，妈妈走着走着发现孩子不见了，她赶紧去找，可是到天黑也没找着。第二天早上有人看到孩子和狗躺在一棵大树下，因为狗身上很暖和，孩子靠着狗睡得香香的，一点儿也没有冻着。

　　狗真的是人的好朋友，听了爸爸讲的故事以后，我更喜欢我家的小狗了。

還有一個故事說，有一年冬天很冷，有個媽媽傍晚的時候帶著孩子和狗去山裏撿柴。孩子走得慢，落在後邊，媽媽走著走著發現孩子不見了，她趕緊去找，可是到天黑也沒找著。第二天早上有人看到孩子和狗躺在一棵大樹下，因為狗身上很暖和，孩子靠著狗睡得香香的，一點兒也沒有凍著。

　　狗真的是人的好朋友，聽了爸爸講的故事以後，我更喜歡我家的小狗了。

New Vocabulary

	Simplified Characters	Traditional Characters	Pinyin	Part of Speech	English Definition
1.	养	養	yǎng	v.	raise; nourish
2.	卷毛	卷毛	juǎnmáo	n.	curly hair
3.	对着	對著	duìzhe	prep.	toward
4.	抓	抓	zhuā	v.	grab
5.	裤脚	褲腳	kùjiǎo	n.	bottom of a pant leg
6.	趴	趴	pā	v.	lie on one's stomach
7.	眼巴巴地	眼巴巴地	yǎnbābāde	adv.	helplessly; anxiously
8.	随便	隨便	suíbiàn	adj.	casual; as one pleases
9.	理	理	lǐ	v.	pay attention to
10.	可怜	可憐	kělián	adj.	pitiful
11.	救	救	jiù	v.	rescue; save
12.	生命	生命	shēngmìng	n.	life
13.	杨生	楊生	Yáng Shēng	prn.	person's name
14.	醉	醉	zuì	v.	be drunk; be intoxicated

	Simplified Characters	Traditional Characters	Pinyin	Part of Speech	English Definition
15.	草地	草地	cǎodì	*n.*	grassland; meadow
16.	着火	著火	zháohuǒ	*v.*	catch fire
17.	烧	燒	shāo	*v.*	burn
18.	拼命	拼命	pīnmìng	*vo.*	risk one's life
19.	水沟	水溝	shuǐgōu	*n.*	ditch
20.	弄湿	弄濕	nòngshī	*vc.*	get wet
21.	洒	灑	sǎ	*v.*	sprinkle; spray
22.	捡柴	撿柴	jiǎnchái	*vo.*	gather firewood
23.	落	落	là	*v.*	lag behind
24.	发现	發現	fāxiàn	*v.*	find; discover
25.	赶紧	趕緊	gǎnjǐn	*adv.*	hurriedly
26.	躺	躺	tǎng	*v.*	lie down; recline
27.	暖和	暖和	nuǎnhuo	*adj.*	warm
28.	靠	靠	kào	*v.*	lean on
29.	香香的	香香的	xiāngxiāngde	*adj.*	(of sleep) sound
30.	冻	凍	dòng	*v.*	freeze

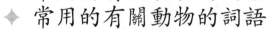

◆ 常用的有关动物的词语 ◆
◆ 常用的有關動物的詞語 ◆

Commonly Used Related Words and Phrases

	Simplified Characters	Traditional Characters	Pinyin	Part of Speech	English Definition
1.	马	馬	mǎ	n.	horse
2.	牛	牛	niú	n.	cow
3.	猪	豬	zhū	n.	pig
4.	羊	羊	yáng	n.	sheep
5.	狗	狗	gǒu	n.	dog
6.	猫	貓	māo	n.	cat
7.	兔	兔	tù	n.	rabbit
8.	鸟	鳥	niǎo	n.	bird
9.	鸡	雞	jī	n.	chicken
10.	鸭	鴨	yā	n.	duck
11.	蛇	蛇	shé	n.	snake
12.	狼	狼	láng	n.	wolf
13.	熊	熊	xióng	n.	bear
14.	虎	虎	hǔ	n.	tiger

出處：《搜神後記》

　　晉太和中，廣陵人楊生，養一狗，甚愛憐之，行止與俱。後，生飲酒醉，行大澤草中，眠不能動。時方冬月燎原，風勢極盛。狗乃周章號喚，生醉不覺。前有一坑水，狗便走往水中，還，以身灑生左右草上。如此數次，周旋跬步，草皆沾濕，火至，免焚。

出處：《滇南雜誌》

　　呈貢縣村民畜一犬，甚馴。母未時上山采薪，幼女隨之不及，後於母里許。俄大雪，母薄暮負薪歸，女與犬俱不見。母驚恐萬狀，奔走號呼，竟不見女。鄰里相助，亦無濟於事。是夜其幼女之父母悲痛欲絕，以為女或溺水，或墮井，或為狼所食。淩晨，復邀鄰人尋之；見女臥大樹下，犬倚偎在旁，乃不死。此雍正十一年十一月事，邑人無不稱奇。

一、连接意思相关的词语
Link the related words

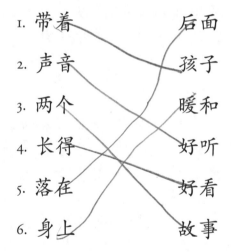

1. 带着   后面
2. 声音   孩子
3. 两个   暖和
4. 长得   好听
5. 落在   好看
6. 身上   故事

練習

Exercises

一、連接意思相關的詞語
Link the related words

....

1. 帶著   後面

2. 聲音   孩子

3. 兩個   暖和

4. 長得   好聽

5. 落在   好看

6. 身上   故事

二、选择合适的短语完成句子
Choose the most appropriate phrase to complete the sentence

1. 我的小狗长得很好看，因为
   a. 它眼巴巴看着我，眼睛很好看。
   b. 它对着我叫几声，声音很好听。
   c. 它有白白的卷毛，黑黑的眼睛。

2. 吃饭的时候我想给小狗一块肉，因为
   a. 小狗的声音非常好听。
   b. 小狗的眼睛非常好看。
   c. 小狗眼巴巴地看着我。

3. 火没有烧到杨生，是因为
   a. 狗把水洒在杨生的旁边。
   b. 狗和杨生把水洒在路边。
   c. 杨生把水洒在狗的旁边。

4. 妈妈找不到她的孩子，是因为
   a. 孩子喝醉了，躺在大树下睡着了。
   b. 孩子走得慢，落在后面找不见了。
   c. 孩子带着狗，到山里面捡柴去了。

二、選擇合適的短語完成句子
Choose the most appropriate phrase to complete the sentence

1. 我的小狗長得很好看，因為
    a. 它眼巴巴看著我，眼睛很好看。
    b. 它對著我叫幾聲，聲音很好聽。
    c. 它有白白的卷毛，黑黑的眼睛。

2. 吃飯的時候我想給小狗一塊肉，因為
    a. 小狗的聲音非常好聽。
    b. 小狗的眼睛非常好看。
    c. 小狗眼巴巴地看著我。

3. 火沒有燒到楊生，是因為
    a. 狗把水灑在楊生的旁邊。
    b. 狗和楊生把水灑在路邊。
    c. 楊生把水灑在狗的旁邊。

4. 媽媽找不到她的孩子，是因為
    a. 孩子喝醉了，躺在大樹下睡著了。
    b. 孩子走得慢，落在後面找不見了。
    c. 孩子帶著狗，到山裏面撿柴去了。

三、找出正确的答案

Choose the correct answer

....

1. 人为什么要养狗?

   a. 狗长得非常漂亮。

   b. 狗身上非常暖和。

   c. 狗是人的好朋友。

2. 杨生为什么听不见他的狗叫?

   a. 他喝醉了,睡着了。

   b. 他生病了,睡着了。

   c. 他吃饱了,睡着了。

3. 为什么孩子靠着狗睡得香香的,一点儿也没有冻着?

   a. 因为孩子身上很暖和。

   b. 因为孩子睡在大树下。

   c. 因为狗的身上很暖和。

4. 为什么不要随便给狗吃东西?

   a. 因为人们也要吃饭。

   b. 因为狗有自己的饭。

   c. 因为狗不喜欢吃饭。

三、找出正確的答案

Choose the correct answer

1. 人為什麼要養狗？
   a. 狗長得非常漂亮。
   b. 狗身上非常暖和。
   c. 狗是人的好朋友。

2. 楊生為什麼聽不見他的狗叫？
   a. 他喝醉了，睡著了。
   b. 他生病了，睡著了。
   c. 他吃飽了，睡著了。

3. 為什麼孩子靠著狗睡得香香的，一點兒也沒有凍著？
   a. 因為孩子身上很暖和。
   b. 因為孩子睡在大樹下。
   c. 因為狗的身上很暖和。

4. 為什麼不要隨便給狗吃東西？
   a. 因為人們也要吃飯。
   b. 因為狗有自己的飯。
   c. 因為狗不喜歡吃飯。

四、思考问题，说说你的看法
Think about the questions and talk about your perspective

1. 人们为什么喜欢养狗？

2. 你喜欢养狗吗？为什么？

3. 养狗会有什么问题？

四、思考問題，說說你的看法
Think about the questions and talk about your perspective

1. 人們為什麼喜歡養狗？

2. 你喜歡養狗嗎？為什麼？

3. 養狗會有什麼問題？

三

你喜欢什么颜色?
你喜歡什麼顏色?

What's Your Favorite Color?

我爸爸喜欢蓝颜色，他说天是蓝色的，海是蓝色的，蓝色表示宁静。我妈妈喜欢绿颜色，她说草是绿色的，树是绿色的，绿色表示生命。我姐姐喜欢白色，她说云是白色的，雪是白色的，白色表示纯洁。

我喜欢什么颜色呢？我喜欢彩虹的颜色，彩虹有红、橙、黄、绿、青、蓝、紫七种颜色；我也喜欢花儿的颜色，花儿有各种不同的颜色，有红的，有黄的，有蓝的，还有白的，什么颜色的花儿都有，所以我什么颜色都喜欢。

过生日的时候，爷爷送给我一盒彩笔，里面有24种不同的颜色。爷爷告诉我，世界上有很多颜色，多得数也数不清。不过红、绿、蓝是三种基本颜色，其他颜色都是这三种颜色合成的。

我爷爷奶奶说，中国人最喜欢红颜色，因为红颜色表示吉利，红颜色能给人们带来好的运气。中国人过年的时候，春联是红色的，鞭炮是红色的，小孩子的压岁钱也是红我爸爸喜歡藍顏色，他說天是藍色的，海是藍色的，藍色表示寧靜。我媽媽喜歡綠顏色，她說草是綠色的，樹是綠色的，綠色表示生命。我姐姐喜歡白色，她說雲是白色的，雪是白色的，白色表示純潔。

我喜歡什麼顏色呢？我喜歡彩虹的顏色，彩虹有紅、橙、黃、綠、青、藍、紫七種顏色；我也喜歡花兒的顏色，花兒有各種不同的顏色，有紅的，有黃的，有藍的，還有白的，什麼顏色的花兒都有，所以我什麼顏色都喜歡。

過生日的時候，爺爺送給我一盒彩筆，裏面有24種不同的顏色。爺爺告訴我，世界上有很多顏色，多得數也數不清。不過紅、綠、藍是三種基本顏色，其他顏色都是這三種顏色合成的。

我爺爺奶奶說，中國人最喜歡紅顏色，因為紅顏色表示吉利，紅顏色能給人們帶來好的運氣。中國人過年的時候，春聯是紅色的，鞭炮是紅色的，小孩子的壓歲錢也是紅色的纸包起来的。中国人结婚的时候，新娘穿红颜色的衣服，新郎带大红花，就是希望红色给他们带来好运气。

中国人也喜欢黄颜色，因为黄颜色表示富贵，金子是黄色的，龙是黄色的，古代皇帝穿的衣服，住的宫殿都是黄色的。中国人的祖先就生活在黄土地上，喝的是黄河水，自己皮肤也是黄色的。

颜色让世界变得非常漂亮，颜色不但好看而且有特别的含义，所以每个人都喜欢颜色，每个人都有自己喜欢的颜色。

色的紙包起來的。中國人結婚的時候，新娘穿紅顏色的衣服，新郎帶大紅花，就是希望紅色給他們帶來好運氣。

中國人也喜歡黃顏色，因為黃顏色表示富貴，金子是黃色的，龍是黃色的，古代皇帝穿的衣服，住的宮殿都是黃色的。中國人的祖先就生活在黃土地上，喝的是黃河水，自己皮膚也是黃色的。

顏色讓世界變得非常漂亮，顏色不但好看而且有特別的含義，所以每個人都喜歡顏色，每個人都有自己喜歡的顏色。

New Vocabulary

	Simplified Characters	Traditional Characters	Pinyin	Part of Speech	English Definition
1.	表示	表示	biǎoshì	*v.*	express; indicate
2.	宁静	寧静	níngjìng	*adj.*	peaceful; quiet
3.	纯洁	純潔	chúnjié	*adj.*	pure
4.	彩虹	彩虹	cǎihóng	*n.*	rainbow
5.	盒	盒	hé	*m.*	measure word for boxes or cases
6.	彩笔	彩筆	cǎibǐ	*n.*	colored pencil
7.	数不清	數不清	shǔbùqīng	*adj.*	countless
8.	基本	基本	jīběn	*adj.*	basic
9.	其他	其他	qítā	*pn.*	others; the rest
10.	合成	合成	héchéng	*v.*	compose
11.	吉利	吉利	jílì	*n.*	good luck
12.	运气	運氣	yùnqi	*n.*	fortune; luck
13.	春联	春聯	chūnlián	*n.*	Spring Festival couplets (pasted on gateposts or doors)

Simplified Characters	Traditional Characters	Pinyin	Part of Speech	English Definition
14. 鞭炮	鞭炮	biānpào	n.	firecracker
15. 压岁钱	壓歲錢	yāsuìqián	n.	money given to children as a Chinese New Year gift
16. 包	包	bāo	v.	wrap; bundle
17. 结婚	結婚	jiéhūn	v.	marry; get married
18. 新娘	新娘	xīnniáng	n.	bride
19. 新郎	新郎	xīnláng	n.	bridegroom
20. 希望	希望	xīwàng	v.	hope; wish
21. 富贵	富貴	fùguì	n.	wealth and honor
22. 金子	金子	jīnzi	n.	gold
23. 龙	龍	lóng	n.	dragon
24. 皇帝	皇帝	huángdì	n.	emperor
25. 宫殿	宮殿	gōngdiàn	n.	palace
26. 祖先	祖先	zǔxiān	n.	ancestors
27. 土地	土地	tǔdì	n.	land; soil
28. 黄河	黃河	huánghé	prn.	Yellow River
29. 皮肤	皮膚	pífū	n.	skin
30. 含义	含義	hányì	n.	meaning; connotation

	Simplified Characters	Traditional Characters	Pinyin	Part of Speech	English Definition
1.	颜色	顏色	yánsè	*n.*	color
2.	红色	紅色	hóngsè	*n.*	red
3.	黄色	黃色	huángsè	*n.*	yellow
4.	绿色	綠色	lǜsè	*n.*	green
5.	蓝色	藍色	lánsè	*n.*	blue
6.	橙色	橙色	chéngsè	*n.*	orange
7.	紫色	紫色	zǐsè	*n.*	purple
8.	青色	青色	qīngsè	*n.*	blue or green
9.	灰色	灰色	huīsè	*n.*	gray
10.	白色	白色	báisè	*n.*	white
11.	黑色	黑色	hēisè	*n.*	black
12.	粉红色	粉紅色	fěnhóngsè	*n.*	pink
13.	天蓝色	天藍色	tiānlánsè	*n.*	sky blue; azure
14.	草绿色	草綠色	cǎolǜsè	*n.*	grass green
15.	金黄色	金黃色	jīnhuángsè	*n.*	golden yellow

一、连接意思相关的词语

Link the related words

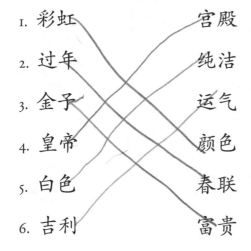

1. 彩虹   宫殿

2. 过年   纯洁

3. 金子   运气

4. 皇帝   颜色

5. 白色   春联

6. 吉利   富贵

一、連接意思相關的詞語

Link the related words

....

1. 彩虹　　　　　宮殿

2. 過年　　　　　純潔

3. 金子　　　　　運氣

4. 皇帝　　　　　顏色

5. 白色　　　　　春聯

6. 吉利　　　　　富貴

二、选择合适的短语完成句子

Choose the most appropriate phrase to complete the sentence

1. 爸爸喜欢蓝色因为
   a. 蓝色表示生命。
   b. 蓝色表示纯洁。
   c. 蓝色表示宁静。

2. 世界上很多颜色都是
   a. 红、黄、蓝三种颜色合成的。
   b. 红、绿、蓝三种颜色合成的。
   c. 红、蓝、白三种颜色合成的。

3. 中国人最喜欢红色，因为红色
   a. 能给人带来好运气。
   b. 能给人带来压岁钱。
   c. 能给人带来大红花。

4. 中国人也喜欢黄颜色，因为黄色
   a. 表示运气。
   b. 表示纯洁。
   c. 表示富贵。

二、選擇合適的短語完成句子
Choose the most appropriate phrase to complete the sentence

1. 爸爸喜歡藍色因為
   a. 藍色表示生命。
   b. 藍色表示純潔。
   c. 藍色表示寧靜。

2. 世界上很多顏色都是
   a. 紅、黃、藍三種顏色合成的。
   b. 紅、綠、藍三種顏色合成的。
   c. 紅、藍、白三種顏色合成的。

3. 中國人最喜歡紅色，因為紅色
   a. 能給人帶來好運氣。
   b. 能給人帶來壓歲錢。
   c. 能給人帶來大紅花。

4. 中國人也喜歡黃顏色，因為黃色
   a. 表示運氣。
   b. 表示純潔。
   c. 表示富貴。

三、找出正确的答案

Choose the correct answer

....

1. 我喜欢什么颜色?

   a. 喜欢蓝天的颜色。

   b. 什么颜色都喜欢。

   c. 喜欢金子的颜色。

2. 皇帝为什么要穿黄色的衣服,住黄色的宫殿?

   a. 因为黄色表示吉利。

   b. 因为黄色表示生命。

   c. 因为黄色表示富贵。

3. 为什么中国人结婚的时候,新娘要穿红衣服,新郎要带大红花?

   a. 因为红颜色比黄颜色好看。

   b. 因为红颜色给人带来运气。

   c. 因为红颜色给人带来富贵。

4. 为什么我喜欢彩虹的颜色呢?

   a. 因为彩虹有七种颜色。

   b. 因为彩虹有各种颜色。

   c. 因为彩虹有三种颜色。

三、找出正確的答案
Choose the correct answer

1. 我喜歡什麼顏色？
   a. 喜歡藍天的顏色。
   b. 什麼顏色都喜歡。
   c. 喜歡金子的顏色。

2. 皇帝為什麼要穿黃色的衣服，住黃色的宮殿？
   a. 因為黃色表示吉利。
   b. 因為黃色表示生命。
   c. 因為黃色表示富貴。

3. 為什麼中國人結婚的時候，新娘要穿紅衣服，新郎要帶大紅花？
   a. 因為紅顏色比黃顏色好看。
   b. 因為紅顏色給人帶來運氣。
   c. 因為紅顏色給人帶來富貴。

4. 為什麼我喜歡彩虹的顏色呢？
   a. 因為彩虹有七種顏色。
   b. 因為彩虹有各種顏色。
   c. 因為彩虹有三種顏色。

四、思考问题，说说你的看法
Think about the questions and talk about your perspective

1. 你喜欢什么颜色？为什么？

2. 在你们国家，红颜色表示什么意思？别的颜色呢？

3. 在你们国家，结婚的时候新郎新娘穿什么颜色的衣服？为什么？

四、思考問題，說說你的看法
Think about the questions and talk about your perspective

1. 你喜歡什麼顏色？為什麼？

2. 在你們國家，紅顏色表示什麼意思？別的顏色呢？

3. 在你們國家，結婚的時候新郎新娘穿什麼顏色的衣服？為什麼？

四

◆ 喝茶喝酒喝咖啡 ◆
◆ 喝茶喝酒喝咖啡 ◆

Drinking Tea, Wine, and Coffee

中国人在五千年前就开始喝茶了，后来喝茶的习惯从中国传到了世界各地。中国茶主要是绿茶、红茶和花茶三种，绿茶制作时不用发酵，红茶是要发酵的，花茶是在绿茶和红茶中加上茉莉花或者别的花，花茶有一种花的香味。

喝茶本来像喝水、喝饮料一样是为了解渴，可是几千年人们一直在研究泡茶、喝茶的方法，慢慢地喝茶就变成了一种艺术，唐朝的时候中国就已经有了研究喝茶的茶道和茶艺了。

中国人喝酒也是很早就开始了，中国酒主要有三种，一是白酒，白酒的度数比较高，很容易喝醉，最有名的白酒是贵州的茅台酒。另一种是红酒，红酒度数低，不容易喝醉。还有一种是黄酒，黄酒是中国最早的酒，因为它是用米做的，所以也叫米酒。米酒大多是黄色的，比如绍兴的加饭酒；米酒也有白色的，比如陕西的桂花稠酒。

中國人在五千年前就開始喝茶了，後來喝茶的習慣從中國傳到了世界各地。中國茶主要是綠茶、紅茶和花茶三種，綠茶製作時不用發酵，紅茶是要發酵的，花茶是在綠茶和紅茶中加上茉莉花或者別的花，花茶有一種花的香味。

喝茶本來像喝水、喝飲料一樣是為了解渴，可是幾千年人們一直在研究泡茶、喝茶的方法，慢慢地喝茶就變成了一種藝術，唐朝的時候中國就已經有了研究喝茶的茶道和茶藝了。

中國人喝酒也是很早就開始了，中國酒主要有三種，一是白酒，白酒的度數比較高，很容易喝醉，最有名的白酒是貴州的茅臺酒。另一種是紅酒，紅酒度數低，不容易喝醉。還有一種是黃酒，黃酒是中國最早的酒，因為它是用米做的，所以也叫米酒。米酒大多是黃色的，比如紹興的加飯酒；米酒也有白色的，比如陝西的桂花稠酒。

喝酒可以让人们高兴，所以过年、过节的时候许多人都会喝一点儿酒。古人写文章、作诗的时候常常喝酒，他们说喝了酒才能写出好诗和好文章。唐朝诗人李白很多有名的诗都是喝酒以后写出来的。

酒少喝点儿对身体好，喝多了对身体不好。一个人如果天天喝酒，每天喝很多酒，不喝酒他就觉得难受，这种人叫做酒鬼。

咖啡是一百多年前才从外国传到中国的。中国人喝咖啡的历史不长，但是现在喝咖啡的人却很多。以前中国各地有很多茶馆，现在很多地方都能看到咖啡馆。

喝酒可以讓人們高興，所以過年、過節的時候許多人都會喝一點兒酒。古人寫文章、作詩的時候常常喝酒，他們說喝了酒才能寫出好詩和好文章。唐朝詩人李白很多有名的詩都是喝酒以後寫出來的。

酒少喝點兒對身體好，喝多了對身體不好。一個人如果天天喝酒，每天喝很多酒，不喝酒他就覺得難受，這種人叫做酒鬼。

咖啡是一百多年前才從外國傳到中國的。中國人喝咖啡的歷史不長，但是現在喝咖啡的人卻很多。以前中國各地有很多茶館，現在很多地方都能看到咖啡館。

New Vocabulary

Simplified Characters	Traditional Characters	Pinyin	Part of Speech	English Definition
1. 传	傳	chuán	*v.*	pass on; hand down
2. 主要	主要	zhǔyào	*adj.*	main; major
3. 制作	制作	zhìzuò	*v.*	make; manufacture
4. 发酵	發酵	fājiào	*v.*	ferment
5. 加	加	jiā	*v.*	add; put in
6. 茉莉花	茉莉花	mòlihuā	*n.*	jasmine
7. 香味	香味	xiāngwèi	*n.*	sweet smell; fragrance
8. 本来	本來	běnlái	*adv.*	originally
9. 饮料	飲料	yǐnliào	*n.*	drink; beverage
10. 解渴	解渴	jiěkě	*v.*	quench one's thirst
11. 泡茶	泡茶	pàochá	*vo.*	make tea
12. 变成	變成	biànchéng	*vc.*	change into; become
13. 艺术	藝術	yìshù	*n.*	art
14. 唐朝	唐朝	Tángcháo	*prn.*	Tang Dynasty (A.D. 618-907)

	Simplified Characters	Traditional Characters	Pinyin	Part of Speech	English Definition
15.	茶道	茶道	chádào	n.	tea ceremony
16.	茶艺	茶藝	cháyì	n.	art of brewing, drinking, or serving tea
17.	度数	度數	dùshù	n.	degree (of strength of liquor)
18.	贵州	貴州	Guìzhōu	prn.	Guizhou Province
19.	茅台酒	茅臺酒	máotáijiǔ	n.	Maotai wine
20.	比如	比如	bǐrú	adv.	for example
21.	绍兴	紹興	Shàoxīng	prn.	Shaoxing city
22.	加饭酒	加飯酒	jiāfànjiǔ	n.	Jiafan rice wine
23.	陕西	陝西	Shǎnxī	prn.	Shaanxi Province
24.	桂花稠酒	桂花稠酒	guìhuā chóujiǔ	n.	Osmanthus-flavored rice wine
25.	文章	文章	wénzhāng	n.	essay; article
26.	李白	李白	Lǐ Bái	prn.	celebrated Tang Dynasty poet
27.	诗	詩	shī	n.	poetry
28.	难受	難受	nánshòu	adj.	unhappy; unwell
29.	酒鬼	酒鬼	jiǔguǐ	n.	alcoholic; drunkard
30.	却	卻	què	conj.	but; however

	Simplified Characters	Traditional Characters	Pinyin	Part of Speech	English Definition
1.	绿茶	綠茶	lǜchá	n.	green tea
2.	红茶	紅茶	hóngchá	n.	black tea
3.	花茶	花茶	huāchá	n.	scented tea
4.	奶茶	奶茶	nǎichá	n.	tea with milk
5.	雪碧	雪碧	xuěbì	prn.	Sprite
6.	啤酒	啤酒	píjiǔ	n.	beer
7.	橘子汁	橘子汁	júzizhī	n.	orange juice
8.	苹果汁	蘋果汁	píngguǒzhī	n.	apple juice
9.	果汁	果汁	guǒzhī	n.	fruit juice
10.	牛奶	牛奶	niúnǎi	n.	milk
11.	咖啡	咖啡	kāfēi	n.	coffee
12.	葡萄酒	葡萄酒	pútáojiǔ	n.	(grape) wine
13.	香槟酒	香檳酒	xiāngbīnjiǔ	n.	champagne
14.	白酒	白酒	báijiǔ	n.	white liquor
15.	红酒	紅酒	hóngjiǔ	n.	red wine

<table>
<tr><td></td></tr>
<tr><td style="text-align:center">练习</td></tr>
<tr><td style="text-align:center">Exercises</td></tr>
</table>

一、连接意思相关的词语

Link the related words

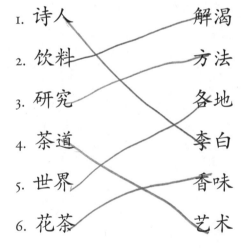

1. 诗人   解渴

2. 饮料   方法

3. 研究   各地

4. 茶道   李白

5. 世界   香味

6. 花茶   艺术

一、連接意思相關的詞語
Link the related words

1. 詩人　　　解渴

2. 飲料　　　方法

3. 研究　　　各地

4. 茶道　　　李白

5. 世界　　　香味

6. 花茶　　　藝術

二、选择合适的短语完成句子

Choose the most appropriate phrase to complete the sentence

1. 中国酒主要有
   a. 白酒、米酒和黄酒。
   b. 白酒、红酒和黄酒。
   c. 红酒、米酒和黄酒。

2. 中国人研究茶道和茶艺
   a. 在五千年以前就开始了。
   b. 在一百年多前就开始了。
   c. 在唐朝的时候就开始了。

3. 喝白酒很容易喝醉的原因是因为
   a. 白酒的度数比较高。
   b. 红酒的度数比较高。
   c. 白酒的度数比较低。

4. 咖啡最早是从
   a. 外国传到中国的。
   b. 中国传到外国的。
   c. 外国传到唐朝的。

二、選擇合適的短語完成句子
Choose the most appropriate phrase to complete the sentence

1. 中國酒主要有
   a. 白酒、米酒和黃酒。
   b. 白酒、紅酒和黃酒。
   c. 紅酒、米酒和黃酒。

2. 中國人研究茶道和茶藝
   a. 在五千年以前就開始了。
   b. 在一百年多前就開始了。
   c. 在唐朝的時候就開始了。

3. 喝白酒很容易喝醉的原因是因為
   a. 白酒的度數比較高。
   b. 紅酒的度數比較高。
   c. 白酒的度數比較低。

4. 咖啡最早是從
   a. 外國傳到中國的。
   b. 中國傳到外國的。
   c. 外國傳到唐朝的。

三、找出正确的答案
Choose the correct answer

....

1. 绿茶和红茶有什么不同？
   a. 红茶是不发酵的茶，绿茶是发酵的茶。
   b. 绿茶是不发酵的茶，红茶是发酵的茶。
   c. 绿茶里面有茉莉花，红茶没有茉莉花。

2. 为什么喝茶变成了一种艺术？
   a. 因为人们一直都在研究制作花茶的方法。
   b. 因为人们一直都在研究制作绿茶的方法。
   c. 因为人们一直在研究泡茶和喝茶的方法。

3. 什么人是酒鬼？
   a. 每天喝很多酒，不喝酒就觉得难受的人。
   b. 每天喝很多酒，不喝酒就觉得高兴的人。
   c. 每天喝很多酒，不喝酒写不出文章的人。

三、找出正確的答案
Choose the correct answer

1. 綠茶和紅茶有什麼不同？
   a. 紅茶是不發酵的茶，綠茶是發酵的茶。
   b. 綠茶是不發酵的茶，紅茶是發酵的茶。
   c. 綠茶裏面有茉莉花，紅茶沒有茉莉花。

2. 為什麼喝茶變成了一種藝術？
   a. 因為人們一直都在研究制作花茶的方法。
   b. 因為人們一直都在研究制作綠茶的方法。
   c. 因為人們一直在研究泡茶和喝茶的方法。

3. 什麼人是酒鬼？
   a. 每天喝很多酒，不喝酒就覺得難受的人。
   b. 每天喝很多酒，不喝酒就覺得高興的人。
   c. 每天喝很多酒，不喝酒寫不出文章的人。

4. 人们为什么过年、过节的时候喝酒？
   a. 过年、过节的时候喝酒是为了高兴。
   b. 过年、过节的时候喝酒是为了难受。
   c. 过年、过节的时候喝酒是为了喝醉。

四、思考问题，说说你的看法
Think about the questions and talk about your perspective

1. 你喜欢喝咖啡还是喝茶？为什么？

2. 为什么人们要喝酒？喝酒好不好？

3. 为什么以前中国人喜欢喝茶，现在喜欢喝咖啡？

4. 人們為什麼過年、過節的時候喝酒？
   a. 過年、過節的時候喝酒是為了高興。
   b. 過年、過節的時候喝酒是為了難受。
   c. 過年、過節的時候喝酒是為了喝醉。

四、思考問題，說說你的看法
Think about the questions and talk about your perspective

1. 你喜歡喝咖啡還是喝茶？為什麼？

2. 為什麼人們要喝酒？喝酒好不好？

3. 為什麼以前中國人喜歡喝茶？現在喜歡喝咖啡？

五

◆ 快餐盒饭汉堡包 ◆
◆ 快餐盒飯漢堡包 ◆

Fast Food, Box Lunches, and Hamburgers

在中国，不管是火车站还是飞机场都有卖盒饭的快餐店，医院和图书馆外也有卖盒饭的，甚至一些学校门口也能看到卖盒饭的车子。

人们为什么喜欢吃盒饭呢？这是因为盒饭是快餐，吃快餐不需要用很多时间，工作忙的人，出外办事的人，他们没有时间做饭，也没有时间去饭馆吃饭，于是就去买盒饭。

中国人很注意饭菜的味道，所以盒饭也做得很好吃。盒饭有面条、有米饭，里面有肉有青菜。吃素的人可以买没有肉的盒饭，那里面是麻婆豆腐、西红柿炒鸡蛋什么的，有的盒饭还带一小杯青菜豆腐汤。

美国人也喜欢吃快餐，不过他们的快餐不是盒饭，而是到麦当劳、肯德基、甜甜圈这些快餐店去吃。他们买了饭可以坐在店里面吃，也可以带回办公室吃，快餐店为了节约大家的时间，每个快餐店都有一个让人开车买饭的窗口。

在中國，不管是火車站還是飛機場都有賣盒飯的快餐店，醫院和圖書館外也有賣盒飯的，甚至一些學校門口也能看到賣盒飯的車子。

人們為什麼喜歡吃盒飯呢？這是因為盒飯是快餐，吃快餐不需要用很多時間，工作忙的人，出外辦事的人，他們沒有時間做飯，也沒有時間去飯館吃飯，於是就去買盒飯。

中國人很注意飯菜的味道，所以盒飯也做得很好吃。盒飯有麵條、有米飯，裏面有肉有青菜。吃素的人可以買沒有肉的盒飯，那裏面是麻婆豆腐、西紅柿炒雞蛋什麼的，有的盒飯還帶一小杯青菜豆腐湯。

美國人也喜歡吃快餐，不過他們的快餐不是盒飯，而是到麥當勞、肯德基、甜甜圈這些快餐店去吃。他們買了飯可以坐在店裏面吃，也可以帶回辦公室吃，快餐店為了節約大家的時間，每個快餐店都有一個讓人開車買飯的窗口。

美国人的快餐吃什么呢？在麦当劳吃汉堡包，汉堡包是面包夹牛肉和奶酪，还有一片西红柿和生菜；在肯德基吃炸鸡翅和土豆泥，还有蔬菜沙拉；在甜甜圈店里吃甜甜圈，甜甜圈就是一种甜的软面包圈，甜甜圈店里也有不甜的硬面包圈。

　　美国最简单的快餐是热狗，热狗就是在长条面包里夹火腿肠，上面放一点儿西红柿酱和芥末酱，在美国比萨饼也是一种快餐。

　　近年来，美国在中国开了很多快餐店，现在不管到哪儿都可以看到麦当劳、肯德基和甜甜圈，有时候也能看到卖比萨饼的比萨店。

美國人的快餐吃什麼呢？在麥當勞吃漢堡包，漢堡包是麵包夾牛肉和奶酪，還有一片西紅柿和生菜；在肯德基吃炸雞翅和土豆泥，還有蔬菜沙拉；在甜甜圈店裏吃甜甜圈，甜甜圈就是一種甜的軟麵包圈，甜甜圈店裏也有不甜的硬麵包圈。

　　美國最簡單的快餐是熱狗，熱狗就是在長條麵包裏夾火腿腸，上面放一點兒西紅柿醬和芥末醬，在美國比薩餅也是一種快餐。

　　近年來，美國在中國開了很多快餐店，現在不管到哪兒都可以看到麥當勞、肯德基和甜甜圈，有時候也能看到賣比薩餅的比薩店。

New Vocabulary

Simplified Characters	Traditional Characters	Pinyin	Part of Speech	English Definition
1. 盒饭	盒飯	héfàn	n.	box lunch
2. 快餐店	快餐店	kuàicāndiàn	n.	fast food restaurant
3. 出外	出外	chūwài	v.	go out
4. 办事	辦事	bànshì	v.	work; handle affairs
5. 味道	味道	wèidào	n.	taste; flavor
6. 青菜	青菜	qīngcài	n.	green vegetables
7. 吃素	吃素	chīsù	v.	be a vegetarian
8. 麻婆豆腐	麻婆豆腐	mápó dòufu	n.	mapo tofu
9. 西红柿炒鸡蛋	西紅柿炒雞蛋	xīhóngshì chǎojīdàn	n.	scrambled eggs with tomatoes
10. 麦当劳	麥當勞	màidāngláo	prn.	McDonald's
11. 肯德基	肯德基	kěndéjī	prn.	Kentucky Fried Chicken
12. 甜甜圈	甜甜圈	tiántiánquān	prn.	Dunkin' Donuts

	Simplified Characters	Traditional Characters	Pinyin	Part of Speech	English Definition
13.	圈	圈	quān	*n.*	ring; circle
14.	节约	節約	jiéyuē	*v.*	economize; save
15.	窗口	窗口	chuāngkǒu	*n.*	window
16.	面包	麵包	miànbāo	*n.*	bread
17.	夹	夾	jiā	*v.*	place in between
18.	牛肉	牛肉	niúròu	*n.*	beef
19.	奶酪	奶酪	nǎilào	*n.*	cheese
20.	生菜	生菜	shēngcài	*n.*	lettuce
21.	炸	炸	zhá	*v.*	deep-fry
22.	鸡翅	雞翅	jīchì	*n.*	chicken wing
23.	土豆泥	土豆泥	tǔdòuní	*n.*	mashed potatoes
24.	蔬菜	蔬菜	shūcài	*n.*	vegetables
25.	沙拉	沙拉	shālā	*n.*	salad
26.	软	軟	ruǎn	*adj.*	soft
27.	硬	硬	yìng	*adj.*	hard
28.	火腿肠	火腿腸	huǒtuǐcháng	*n.*	ham sausage
29.	西红柿酱	西紅柿醬	xīhóngshì jiàng	*n.*	ketchup
30.	芥末酱	芥末醬	jièmòjiàng	*n.*	mustard

	Simplified Characters	Traditional Characters	Pinyin	Part of Speech	English Definition
1.	汉堡包	漢堡包	hànbǎobāo	*n.*	hamburger
2.	奶酪汉堡	奶酪漢堡	nǎilào hànbǎo	*n.*	cheeseburger
3.	三明治	三明治	sānmíngzhì	*n.*	sandwich
4.	热狗	熱狗	règǒu	*n.*	hot dog
5.	蒜面包	蒜麵包	suànmiànbāo	*n.*	garlic bread
6.	软面包圈	軟麵包圈	ruǎn miànbāo quān	*n.*	doughnut
7.	硬面包圈	硬麵包圈	yìng miànbāo quān	*n.*	bagel
8.	松饼	松餅	sōngbǐng	*n.*	muffin
9.	比萨饼	比薩餅	bǐsàbǐng	*n.*	pizza
10.	饼干	餅乾	bǐnggān	*n.*	cookie
11.	奶酥面包	奶酥麵包	nǎisū miànbāo	*n.*	biscuit

	Simplified Characters	Traditional Characters	Pinyin	Part of Speech	English Definition
12.	蛋奶烘饼	蛋奶烘餅	dànnǎi hōngbǐng	*n.*	waffle
13.	薄饼	薄餅	báobǐng	*n.*	pancake
14.	鸡肉卷	雞肉卷	jīròujuǎn	*n.*	chicken wrap
15.	炸薯条	炸薯條	zháshǔtiáo	*n.*	French fries
16.	炸小鸡块	炸小雞塊	zháxiǎo jīkuài	*n.*	chicken nuggets

练习	
Exercises	

一、连接意思相关的词语
Link the related words

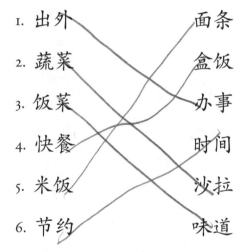

1. 出外   面条
2. 蔬菜   盒饭
3. 饭菜   办事
4. 快餐   时间
5. 米饭   沙拉
6. 节约   味道

一、連接意思相關的詞語
Link the related words

....

1. 出外	麵條
2. 蔬菜	盒飯
3. 飯菜	辦事
4. 快餐	時間
5. 米飯	沙拉
6. 節約	味道

二、选择合适的短语完成句子

Choose the most appropriate phrase to complete the sentence

1. 盒饭很好吃，是因为
   a. 盒饭里面有火腿肠，西红柿酱。
   b. 盒饭里面有土豆泥，蔬菜沙拉。
   c. 盒饭里面有饭有肉，还有青菜。

2. 人们到麦当劳去吃
   a. 汉堡包。
   b. 面包圈。
   c. 炸鸡翅。

3. 最简单的快餐是热狗，热狗是
   a. 在长条面包里夹火腿肠。
   b. 在长条面包里夹牛肉饼。
   c. 在长条面包里夹炸鸡翅。

4. 美国人在快餐店买了饭以后
   a. 可以坐在店里吃，也可以带回办公室吃。
   b. 可以坐在店里吃，不可以带回办公室吃。
   c. 不可以坐在店里吃，可以带回办公室吃。

二、選擇合適的短語完成句子

Choose the most appropriate phrase to complete the sentence

1. 盒飯很好吃，是因為
   a. 盒飯裏面有火腿腸，西紅柿醬。
   b. 盒飯裏面有土豆泥，蔬菜沙拉。
   c. 盒飯裏面有飯有肉，還有青菜。

2. 人們到麥當勞去吃
   a. 漢堡包。
   b. 麵包圈。
   c. 炸雞翅。

3. 最簡單的快餐是熱狗，熱狗是
   a. 在長條麵包裏夾火腿腸。
   b. 在長條麵包裏夾牛肉餅。
   c. 在長條麵包裏夾炸雞翅。

4. 美國人在快餐店買了飯以後
   a. 可以坐在店裏吃，也可以帶回辦公室吃。
   b. 可以坐在店裏吃，不可以帶回辦公室吃。
   c. 不可以坐在店裏吃，可以帶回辦公室吃。

三、找出正确的答案

Choose the correct answer

....

1. 在哪里可以吃到炸鸡翅？
   a. 在麦当劳。
   b. 在甜甜圈。
   c. 在肯德基。

2. 为什么人们喜欢吃盒饭？
   a. 因为吃盒饭不需要吃很多菜。
   b. 因为吃盒饭不需要在饭馆吃。
   c. 因为吃盒饭不需要很多时间。

3. 为什么美国快餐店都有让人开车买饭的窗口？
   a. 为了节约大家的时间。
   b. 为了让大家多买一些。
   c. 为了让大家多吃一些。

4. 美国人快餐吃什么？
   a. 汉堡包、炸鸡翅、热狗、甜甜圈和比萨饼。
   b. 面条、米饭、青菜、豆腐和西红柿炒鸡蛋。
   c. 芥末酱、西红柿酱、奶酪、土豆泥和火腿。

三、找出正確的答案
Choose the correct answer

1. 在哪裏可以吃到炸雞翅？
   a. 在麥當勞。
   b. 在甜甜圈。
   c. 在肯德基。

2. 為什麼人們喜歡吃盒飯？
   a. 因為吃盒飯不需要吃很多菜。
   b. 因為吃盒飯不需要在飯館吃。
   c. 因為吃盒飯不需要很多時間。

3. 為什麼美國快餐店都有讓人開車買飯的窗口？
   a. 為了節約大家的時間。
   b. 為了讓大家多買一些。
   c. 為了讓大家多吃一些。

4. 美國人快餐吃什麼？
   a. 漢堡包、炸雞翅、熱狗、甜甜圈和比薩餅。
   b. 麵條、米飯、青菜、豆腐和西紅柿炒雞蛋。
   c. 芥末醬、西紅柿醬、奶酪、土豆泥和火腿。

四、思考问题，说说你的看法

Think about the questions and talk about your perspective

....

1. 你觉得吃快餐好不好？为什么？

2. 美国的快餐和中国的快餐有什么不同？

3. 你喜欢哪一种快餐？为什么？

四、思考問題，說說你的看法
Think about the questions and talk about your perspective

....

1. 你覺得吃快餐好不好？為什麼？

2. 美國的快餐和中國的快餐有什麼不同？

3. 你喜歡哪一種快餐？為什麼？

六

Pendants, Sachet Bags, and Lucky Money

以前中国人过新年的时候，常常在小孩子的身上挂一个铜钱，这个铜钱正面画着龙和凤，背面写着平安吉祥。这种钱叫做吉祥钱，它不是真的钱，不可以买东西，只是用来保佑小孩子健康平安的。

人们过端午节的时候也会在孩子身上挂一个香包，说是夏天快到了，蚊虫多起来了，香包可以让孩子不被蚊子叮，不被虫子咬。

现在的小孩子过年不挂吉祥钱了，端午节也不挂香包了，他们喜欢在手机上挂一个漂亮的挂件。

什么是挂件？挂件就是挂在身上或者其他东西上的小饰物。挂件有不同的形状，有星星、有月亮，有花、有树，还有小猫，小狗、小鹿等一些小动物。挂件有的是用塑料做的，有的是用金属做的，还有的是用玉石做的，最漂亮的是用水晶做的。

很多挂件不但好看，而且还有特别的含义，所以不但小孩子喜欢，大人们也喜欢。比如：属相和星座的挂件是希望有一个好运以前中國人過新年的時候，常常在小孩子的身上掛一個銅錢，這個銅錢正面畫著龍和鳳，背面寫著平安吉祥。這種錢叫做吉祥錢，它不是真的錢，不可以買東西，只是用來保佑小孩子健康平安的。

人們過端午節的時候也會在孩子身上掛一個香包，說是夏天快到了，蚊蟲多起來了，香包可以讓孩子不被蚊子叮，不被蟲子咬。

現在的小孩子過年不掛吉祥錢了，端午節也不掛香包了，他們喜歡在手機上掛一個漂亮的掛件。

什麼是掛件？掛件就是掛在身上或者其他東西上的小飾物。掛件有不同的形狀，有星星、有月亮，有花、有樹，還有小貓，小狗、小鹿等一些小動物。掛件有的是用塑料做的，有的是用金屬做的，還有的是用玉石做的，最漂亮的是用水晶做的。

很多掛件不但好看，而且還有特別的含義，所以不但小孩子喜歡，大人們也喜歡。比如：屬相和星座的掛件是希望有一個好運气，观音菩萨和十字架的挂件表示一种信仰，长城和兵马俑的挂件表示以前旅游过的地方，心和玫瑰花的挂件表示爱情。

　　表示爱情的挂件很多，许多年轻的中国人喜欢一种金属做的两个小娃娃的挂件。这两个小娃娃一男一女，可以分开也可以合起来，他们把一个娃娃留给自己，另一个送给自己心爱的人。他们说，这两个娃娃就是你和我，我们把它挂在手机上，我每天可以看到你，你每天也可以看到我，我们天天在一起。

氣，觀音菩薩和十字架的掛件表示一種信仰，長城和兵馬俑的掛件表示以前旅遊過的地方，心和玫瑰花的掛件表示愛情。

　　表示愛情的掛件很多，許多年輕的中國人喜歡一種金屬做的兩個小娃娃的掛件。這兩個小娃娃一男一女，可以分開也可以合起來，他們把一個娃娃留給自己，另一個送給自己心愛的人。他們說，這兩個娃娃就是你和我，我們把它掛在手機上，我每天可以看到你，你每天也可以看到我，我們天天在一起。

New Vocabulary

Simplified Characters	Traditional Characters	Pinyin	Part of Speech	English Definition
1. 挂件	掛件	guàjiàn	*n.*	pendant
2. 香包	香包	xiāngbāo	*n.*	sachet bag; scented bag
3. 吉祥	吉祥	jíxiáng	*adj.*	lucky
4. 铜钱	銅錢	tóngqián	*n.*	copper money
5. 凤	鳳	fèng	*n.*	phoenix
6. 背面	背面	bèimiàn	*n.*	back; reverse side
7. 平安	平安	píng'ān	*adj.*	safe and sound
8. 保佑	保佑	bǎoyòu	*v.*	bless and protect
9. 端午节	端午節	duānwǔjié	*prn.*	Dragon Boat Festival (the fifth day of the fifth lunar month)
10. 蚊子	蚊子	wénzi	*n.*	mosquito
11. 虫子	蟲子	chóngzi	*n.*	insect
12. 叮	叮	dīng	*v.*	sting; bite
13. 咬	咬	yǎo	*v.*	bite

	Simplified Characters	Traditional Characters	Pinyin	Part of Speech	English Definition
14.	手机	手機	shǒujī	n.	cell phone
15.	饰物	飾物	shìwù	n.	ornament
16.	形状	形狀	xíngzhuàng	n.	form; shape
17.	塑料	塑料	sùliào	n.	plastic
18.	金属	金屬	jīnshǔ	n.	metal
19.	玉石	玉石	yùshí	n.	jade
20.	水晶	水晶	shuǐjīng	n.	crystal
21.	属相	屬相	shǔxiàng	n.	Chinese zodiac
22.	星座	星座	xīngzuò	n.	constellation
23.	观音 菩萨	觀音 菩薩	guānyīn púsà	prn.	Guanyin (Buddhist Goddess of Mercy)
24.	十字架	十字架	shízìjià	n.	cross
25.	信仰	信仰	xìnyǎng	n.	faith; belief
26.	兵马俑	兵馬俑	bīngmǎyǒng	prn.	Terracotta Warriors
27.	爱情	愛情	àiqíng	n.	love
28.	娃娃	娃娃	wáwa	n.	baby; doll
29.	分开	分開	fēnkāi	v.	separate; part
30.	合	合	hé	v.	join; combine

◆ 常用的有关挂件的词语 ◆
常用的有關掛件的詞語

Commonly Used Related Words and Phrases

	Simplified Characters	Traditional Characters	Pinyin	Part of Speech	English Definition
1.	护身符	護身符	hùshēnfú	*n.*	amulet; protective talisman
2.	吊坠	吊墜	diàozhuì	*n.*	pendant
3.	项链	項鏈	xiàngliàn	*n.*	necklace
4.	耳环	耳環	ěrhuán	*n.*	earring
5.	戒指	戒指	jièzhi	*n.*	ring (for the finger)
6.	手镯	手鐲	shǒuzhuó	*n.*	bracelet (made of metal or hard material)
7.	手链	手鏈	shǒuliàn	*n.*	bracelet (made of rope or soft material)
8.	脚链	腳鏈	jiǎoliàn	*n.*	ankle bracelet
9.	发卡	髮卡	fàqiǎ	*n.*	hairpin
10.	胸针	胸針	xiōngzhēn	*n.*	brooch
11.	黄金	黃金	huángjīn	*n.*	gold
12.	白银	白銀	báiyín	*n.*	silver

	Simplified Characters	Traditional Characters	Pinyin	Part of Speech	English Definition
13.	珍珠	珍珠	zhēnzhū	*n.*	pearl
14.	宝石	寶石	bǎoshí	*n.*	jewel; precious stone
15.	钻石	鑽石	zuànshí	*n.*	diamond

练习

Exercises

一、连接意思相关的词语
Link the related words

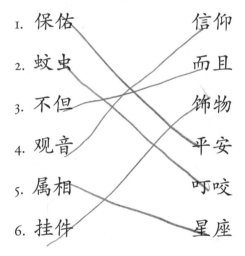

1. 保佑   信仰

2. 蚊虫   而且

3. 不但   饰物

4. 观音   平安

5. 属相   叮咬

6. 挂件   星座

練習
Exercises

一、連接意思相關的詞語
Link the related words

1. 保佑   信仰

2. 蚊蟲   而且

3. 不但   飾物

4. 觀音   平安

5. 屬相   叮咬

6. 掛件   星座

二、选择合适的短语完成句子

Choose the most appropriate phrase to complete the sentence

1. 小孩子身上挂香包是为了
   a. 让孩子不被蚊虫叮咬。
   b. 让孩子看起来很漂亮。
   c. 让孩子过端午节高兴。

2. 以前小孩子身上挂一个铜钱，是用来
   a. 表示年轻人的爱情的。
   b. 买很多好吃的东西的。
   c. 保佑孩子健康平安的。

3. 长城和兵马俑的挂件是表示
   a. 很漂亮的地方。
   b. 旅游过的地方。
   c. 有运气的地方。

4. 有的挂件不但好看，
   a. 而且有小狗和小猫。
   b. 而且有爱情和运气。
   c. 而且有特别的含义。

二、選擇合適的短語完成句子
Choose the most appropriate phrase to complete the sentence

1. 小孩子身上掛香包是為了
   a. 讓孩子不被蚊蟲叮咬。
   b. 讓孩子看起來很漂亮。
   c. 讓孩子過端午節高興。

2. 以前小孩子身上掛一個銅錢，是用來
   a. 表示年輕人的愛情的。
   b. 買很多好吃的東西的。
   c. 保佑孩子健康平安的。

3. 長城和兵馬俑的掛件是表示
   a. 很漂亮的地方。
   b. 旅遊過的地方。
   c. 有運氣的地方。

4. 有的掛件不但好看，
   a. 而且有小狗和小貓。
   b. 而且有愛情和運氣。
   c. 而且有特別的含義。

三、找出正确的答案

Choose the correct answer

....

1. 什么是吉祥钱?

    a. 吉祥钱是不让蚊虫叮咬的铜钱。

    (b.) 吉祥钱是写着平安吉祥的铜钱。

    c. 吉祥钱是可以买好东西的铜钱。

2. 挂件有什么不同形状?

    a. 有香包、铜钱、蚊子、虫子等。

    (b.) 有星星、月亮、小猫、小狗等。

    c. 有玉石,金属,塑料、水晶等。

3. 什么样的挂件是希望有好运气?

    a. 星星和月亮的挂件。

    b. 小狗和小猫的挂件。

    (c.) 属相和星座的挂件。

三、找出正確的答案

Choose the correct answer

1. 什麼是吉祥錢？
   a. 吉祥錢是不讓蚊蟲叮咬的銅錢。
   b. 吉祥錢是寫著平安吉祥的銅錢。
   c. 吉祥錢是可以買好東西的銅錢。

2. 掛件有什麼不同形狀？
   a. 有香包、銅錢、蚊子、蟲子等。
   b. 有星星、月亮、小貓、小狗等。
   c. 有玉石，金屬，塑料、水晶等。

3. 什麼樣的掛件是希望有好運氣？
   a. 星星和月亮的掛件。
   b. 小狗和小貓的掛件。
   c. 屬相和星座的掛件。

4. 为什么年轻人喜欢一男一女两个娃娃的挂件？

　　(a.) 因为他们可以把一个留给自己，把另一个送给自己的爱人。

　　b. 因为他们可以把一个留给自己，把另一个送给自己的家人。

　　c. 因为他们可以把一个留给自己，把另一个送给自己的孩子。

四、思考问题，说说你的看法

Think about the questions and talk about your perspective

1. 你会在你的手机上挂一个挂件吗？为什么？

2. 你觉得属相和星座的挂件真的会带来好运气吗？为什么？

3. 你们国家有没有不但好看而且有特别含义的挂件？

4. 為什麼年輕人喜歡一男一女兩個娃娃的掛件？

   a. 因為他們可以把一個留給自己，把另一個送給自己的愛人。

   b. 因為他們可以把一個留給自己，把另一個送給自己的家人。

   c. 因為他們可以把一個留給自己，把另一個送給自己的孩子。

四、思考問題，說說你的看法
Think about the questions and talk about your perspective

1. 你會在你的手機上掛一個掛件嗎？為什麼？

2. 你覺得屬相和星座的掛件真的會帶來好運氣嗎？為什麼？

3. 你們國家有沒有不但好看而且有特別含義的掛件？

七

♦ 扇子剪纸和风筝 ♦
♦ 扇子剪紙和風箏 ♦

Fans, Paper-Cuts, and Kites

扇子是用来扇凉的，可是在中国扇子还有别的用处，有的扇子做得很大，挂在墙上让大家欣赏；有的扇子做得很小，带在身上用来把玩。挂在墙上的大扇子，有用纸做的，也有用丝绸做的；用来把玩的扇子，除了纸和丝绸以外，还有用香木做的。

扇子上面有的画着花鸟和山水，有的写着诗词。扇子还可以用来跳舞，中国有一种舞蹈叫扇子舞，跳舞用的扇子是用红绸布做的。

剪纸是在纸上剪出各种各样的图案，剪纸用的纸大多是红色的。剪纸的时候先把纸折起来，折好几层，然后用剪刀在折好的纸上简单地剪几下，打开以后就成了一幅非常漂亮的画儿了。

剪纸不但可以剪出画儿来，还可以剪出字来。过年的时候人们喜欢剪"福"字，人们把福字贴在门上和窗户上，门上的那个福字要倒着贴，意思是说福到了。结婚的时候人们喜欢剪"囍"字，这是两个连在一起的喜扇子是用來扇涼的，可是在中國扇子還有別的用處，有的扇子做得很大，掛在牆上讓大家欣賞；有的扇子做得很小，帶在身上用來把玩。掛在牆上的大扇子，有用紙做的，也有用絲綢做的；用來把玩的扇子，除了紙和絲綢以外，還有用香木做的。

扇子上面有的畫著花鳥和山水，有的寫著詩詞。扇子還可以用來跳舞，中國有一種舞蹈叫扇子舞，跳舞用的扇子是用紅綢布做的。

剪紙是在紙上剪出各種各樣的圖案，剪紙用的紙大多是紅色的。剪紙的時候先把紙折起來，折好幾層，然後用剪刀在折好的紙上簡單地剪幾下，打開以後就成了一幅非常漂亮的畫兒了。

剪紙不但可以剪出畫兒來，還可以剪出字來。過年的時候人們喜歡剪"福"字，人們把福字貼在門上和窗戶上，門上的那個福字要倒著貼，意思是說福到了。結婚的時候人們喜歡剪"囍"字，這是兩個連在一起的喜字，叫红双喜。人们把囍字贴在门上、墙上和窗户上，祝愿结婚的人幸福快乐！

风筝是一种可以放飞到天上的玩具，放风筝是一种娱乐，也是一种运动。世界上许多国家都有风筝节，也有放风筝比赛。风筝有各种各样的形状，有的做得像鸟和蝴蝶一样，这种风筝在天上飞，就像是真的鸟、真的蝴蝶在飞。

扇子、剪纸和风筝是中国古老的民间工艺品，三千年前就有扇子了，两千多年前就出现了风筝，剪纸也有一千五百多年的历史了。

字，叫紅雙喜。人們把囍字貼在門上、牆上和窗戶上，祝願結婚的人幸福快樂！

風箏是一種可以放飛到天上的玩具，放風箏是一種娛樂，也是一種運動。世界上許多國家都有風箏節，也有放風箏比賽。風箏有各種各樣的形狀，有的做得像鳥和蝴蝶一樣，這種風箏在天上飛，就像是真的鳥、真的蝴蝶在飛。

扇子、剪紙和風箏是中國古老的民間工藝品，三千年前就有扇子了，兩千多年前就出現了風箏，剪紙也有一千五百多年的歷史了。

✦ 生词 ✦
生詞

New Vocabulary

	Simplified Characters	Traditional Characters	Pinyin	Part of Speech	English Definition
1.	扇子	扇子	shànzi	*n.*	fan
2.	剪纸	剪紙	jiǎnzhǐ	*n.*	paper-cut
3.	风筝	風箏	fēngzheng	*n.*	kite
4.	凉	涼	liáng	*adj.*	cool
5.	用处	用處	yòngchù	*n.*	use
6.	欣赏	欣賞	xīnshǎng	*v.*	appreciate; enjoy
7.	把玩	把玩	bǎwán	*v.*	hold something appreciatively
8.	香木	香木	xiāngmù	*n.*	scented wood
9.	花鸟	花鳥	huāniǎo	*n.*	flowers and birds
10.	山水	山水	shānshuǐ	*n.*	mountains and water; landscape
11.	诗词	詩詞	shīcí	*n.*	poetry
12.	舞蹈	舞蹈	wǔdǎo	*n.*	dance
13.	图案	圖案	tú'àn	*n.*	pattern; design
14.	折	折	zhé	*v.*	fold

Simplified Characters	Traditional Characters	Pinyin	Part of Speech	English Definition
15. 层	層	céng	*n.*	layer; tier
16. 福	福	fú	*n.*	good fortune; blessing
17. 贴	貼	tiē	*v.*	paste; stick
18. 倒	倒	dào	*v.*	invert; turn upside down
19. 囍	囍	xǐ	*n.*	double happiness
20. 连	連	lián	*v.*	link; join
21. 祝愿	祝願	zhùyuàn	*v.*	wish
22. 幸福	幸福	xìngfú	*adj.*	happy
23. 玩具	玩具	wánjù	*n.*	toy
24. 娱乐	娛樂	yúlè	*n.*	entertainment; recreation
25. 运动	運動	yùndòng	*n.*	sports; athletics
26. 比赛	比賽	bǐsài	*n.*	competition; match
27. 蝴蝶	蝴蝶	húdié	*n.*	butterfly
28. 古老	古老	gǔlǎo	*adj.*	ancient
29. 民间	民間	mínjiān	*n.*	folk
30. 工艺品	工藝品	gōngyìpǐn	*n.*	handicraft

	Simplified Characters	Traditional Characters	Pinyin	Part of Speech	English Definition
1.	雕塑	雕塑	diāosù	n.	sculpture
2.	木雕	木雕	mùdiāo	n.	wood carving
3.	石雕	石雕	shídiāo	n.	stone carving
4.	冰雕	冰雕	bīngdiāo	n.	ice sculpture
5.	浮雕	浮雕	fúdiāo	n.	relief sculpture
6.	花瓶	花瓶	huāpíng	n.	flower vase
7.	书法	書法	shūfǎ	n.	calligraphy; penmanship
8.	油画	油畫	yóuhuà	n.	oil painting
9.	国画	國畫	guóhuà	n.	traditional Chinese painting
10.	扎染	紮染	zārǎn	n.	tie-dye
11.	刺绣	刺繡	cìxiù	n.	embroidery
12.	景泰蓝	景泰藍	jǐngtàilán	n.	cloisonné
13.	中国结	中國結	Zhōngguójié	n.	Chinese knot
14.	礼品	禮品	lǐpǐn	n.	gift; present

练习

Exercises

一、连接意思相关的词语

Link the related words

....

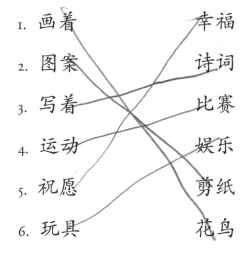

1. 画着   幸福

2. 图案   诗词

3. 写着   比赛

4. 运动   娱乐

5. 祝愿   剪纸

6. 玩具   花鸟

一、連接意思相關的詞語
Link the related words

....

1. 畫著   幸福

2. 圖案   詩詞

3. 寫著   比賽

4. 運動   娛樂

5. 祝願   剪紙

6. 玩具   花鳥

二、选择合适的短语完成句子
Choose the most appropriate phrase to complete the sentence

1. 中国人用纸
   a. 可以剪出画儿来，还可以剪出字来。
   b. 不能剪出画儿来，也不能剪出字来。
   c. 可以剪出画儿来，不可以剪出字来。

2. 过年的时候中国人喜欢
   a. 剪一个"好"字贴在门上。
   b. 剪一个"福"字贴在门上。
   c. 剪一个"囍"字贴在门上。

3. 结婚的时候把红囍字贴在墙上是要
   a. 祝愿结婚的人年轻漂亮。
   b. 祝愿结婚的人很有运气。
   c. 祝愿结婚的人幸福快乐。

4. 风筝是一种
   a. 可以贴在窗户上的玩具。
   b. 可以把玩和跳舞的玩具。
   c. 可以放飞在天上的玩具。

二、選擇合適的短語完成句子
Choose the most appropriate phrase to complete the sentence

1. 中國人用紙
   a. 可以剪出畫兒來，還可以剪出字來。
   b. 不能剪出畫兒來，也不能剪出字來。
   c. 可以剪出畫兒來，不可以剪出字來。

2. 過年的時候中國人喜歡
   a. 剪一個"好"字貼在門上。
   b. 剪一個"福"字貼在門上。
   c. 剪一個"囍"字貼在門上。

3. 結婚的時候把紅囍字貼在牆上是要
   a. 祝願結婚的人年輕漂亮。
   b. 祝願結婚的人很有運氣。
   c. 祝願結婚的人幸福快樂。

4. 風箏是一種
   a. 可以貼在窗戶上的玩具。
   b. 可以把玩和跳舞的玩具。
   c. 可以放飛在天上的玩具。

三、找出正确的答案
Choose the correct answer

1. 中国的扇子有什么用处？
   a. 可以扇凉、欣赏、把玩和跳舞。
   b. 可以画画、写字、比赛和放飞。
   c. 可以比赛、欣赏、跳舞和把玩。

2. 剪纸是怎么做的？
   a. 把丝绸折起来，然后用剪刀在丝绸上剪
      出图案来。
   b. 把扇子折起来，然后用剪刀在扇子上剪
      出图案来。
   c. 把红纸折起来，然后用剪刀在红纸上剪
      出图案来。

3. 人们为什么喜欢风筝？
   a. 因为风筝是一种可以用来跳舞的玩具。
   b. 因为风筝是一种可以用来放飞的玩具。
   c. 因为风筝是一种可以用来扇凉的玩具。

三、找出正確的答案

Choose the correct answer

1. 中國的扇子有什麼用處?
   a. 可以扇涼、欣賞、把玩和跳舞。
   b. 可以畫畫、寫字、比賽和放飛。
   c. 可以比賽、欣賞、跳舞和把玩。

2. 剪紙是怎麼做的?
   a. 把絲綢折起來,然後用剪刀在絲綢上剪出圖案來。
   b. 把扇子折起來,然後用剪刀在扇子上剪出圖案來。
   c. 把紅紙折起來,然後用剪刀在紅紙上剪出圖案來。

3. 人們為什麼喜歡風箏?
   a. 因為風箏是一種可以用來跳舞的玩具。
   b. 因為風箏是一種可以用來放飛的玩具。
   c. 因為風箏是一種可以用來扇涼的玩具。

4. 中国人为什么要把"福"字倒着贴在门上?

    a. "福"字倒着贴意思是说福倒了。

    b. "福"字倒着贴意思是说福多了。

    c. "福"字倒着贴意思是说福到了。

四、思考问题，说说你的看法

Think about the questions and talk about your perspective

....

1. 你们国家古老的工艺品有哪些?

2. 你喜欢什么样的工艺品? 为什么?

3. 你喜欢放风筝吗? 为什么?

4. 中國人為什麼要把“福”字倒著貼在門上?
   a. “福”字倒著貼意思是說福倒了。
   b. “福”字倒著貼意思是說福多了。
   c. “福”字倒著貼意思是說福到了。

四、思考問題，說說你的看法
Think about the questions and talk about your perspective
....

1. 你們國家古老的工藝品有哪些?

2. 你喜歡什麼樣的工藝品? 為什麼?

3. 你喜歡放風箏嗎? 為什麼?

八

◆ 星星的愛情故事 ◆
◆ 星星的愛情故事 ◆

Celestial Love Story

在夜晚的天空中，你可以看到一条银白色的光带，长长的光带就像一条河，人们把它叫银河。河的两边有两颗明亮的大星星，东边那颗叫织女星，西边的这颗叫牵牛星，牵牛星的旁边还有两颗小星星。

很久以前，中国有一个织女星和牵牛星的传说，说织女星是天帝的女儿，她能织出非常漂亮的布。可是织女和一个叫牵牛的人结婚以后就不好好地织布了。天帝很生气，就把他们分开，让织女住在银河的东边，让牵牛住在银河的西边，两人一年只能见一次面。

后来大家觉得这个传说没有意思，于是又编了一个星星的爱情故事。说有一个小伙子很穷，他没有父母也没有家，每天给别人放牛，大家叫他牛郎。有一天，天上的织女听说了牛郎的事情，她觉得牛郎很可怜，于是就偷偷地来到人间帮助牛郎。织女和牛郎一起生活，他们生活得很幸福，还生了一对可爱的小儿女。

不久，织女的妈妈王母娘娘知道了这件事，她很生气，她不愿意女儿嫁给一个穷在夜晚的天空中，你可以看到一條銀白色的光帶，長長的光帶就像一條河，人們把它叫銀河。河的兩邊有兩顆明亮的大星星，東邊那顆叫織女星，西邊的這顆叫牽牛星，牽牛星的旁邊還有兩顆小星星。

很久以前，中國有一個織女星和牽牛星的傳說，說織女星是天帝的女兒，她能織出非常漂亮的布。可是織女和一個叫牽牛的人結婚以後就不好好地織布了。天帝很生氣，就把他們分開，讓織女住在銀河的東邊，讓牽牛住在銀河的西邊，兩人一年只能見一次面。

後來大家覺得這個傳說沒有意思，於是又編了一個星星的愛情故事。說有一個小夥子很窮，他沒有父母也沒有家，每天給別人放牛，大家叫他牛郎。有一天，天上的織女聽說了牛郎的事情，她覺得牛郎很可憐，於是就偷偷地來到人間幫助牛郎。織女和牛郎一起生活，他們生活得很幸福，還生了一對可愛的小兒女。

不久，織女的媽媽王母娘娘知道了這件事，她很生氣，她不願意女兒嫁給一個窮人，于是就把织女抓回到天上去了。牛郎看到织女被抓走了，赶紧就带着两个孩子追到天上去。

牛郎快要追上的时候，王母娘娘用头上的簪子在他们中间划出了一条大河，宽宽的大河挡住了牛郎的路。就这样，织女在河的东边，牛郎和孩子在河的西边。

很多人喜欢这个故事，都说它是真的，他们还说牵牛星两边的两颗小星星就是他们的孩子，再后来人们就把牵牛星叫做牛郎星了。

人，於是就把織女抓回到天上去了。牛郎看到織女被抓走了，趕緊就帶著兩個孩子追到天上去。

牛郎快要追上的時候，王母娘娘用頭上的簪子在他們中間劃出了一條大河，寬寬的大河擋住了牛郎的路。就這樣，織女在河的東邊，牛郎和孩子在河的西邊。

很多人喜歡這個故事，都說它是真的，他們還說牽牛星兩邊的兩顆小星星就是他們的孩子，再後來人們就把牽牛星叫做牛郎星了。

New Vocabulary

	Simplified Characters	Traditional Characters	Pinyin	Part of Speech	English Definition
1.	天空	天空	tiānkōng	n.	sky
2.	银白色	銀白色	yínbáisè	n.	silvery white color
3.	光带	光帶	guāngdài	n.	band of light
4.	银河	銀河	yínhé	prn.	the Milky Way
5.	明亮	明亮	míngliàng	adj.	bright
6.	织女星	織女星	zhīnǚxīng	prn.	Vega (star)
7.	牵	牵	qiān	v.	lead along (by holding the hand, the halter, etc.)
8.	牵牛星	牵牛星	qiānniúxīng	prn.	Altair (star)
9.	传说	傳說	chuánshuō	n.	legend
10.	天帝	天帝	tiāndì	prn.	God of Heaven
11.	织布	織布	zhībù	vo.	weave cloth
12.	生气	生氣	shēngqì	v.	get angry
13.	见面	見面	jiànmiàn	vo.	meet; see
14.	编	編	biān	v.	make up; compose

	Simplified Characters	Traditional Characters	Pinyin	Part of Speech	English Definition
15.	穷	窮	qióng	*adj.*	poor
16.	放牛	放牛	fàngniú	*vo.*	herd cattle
17.	牛郎	牛郎	niúláng	*n.*	cowherd
18.	偷偷地	偷偷地	tōutōude	*adv.*	secretly
19.	人间	人間	rénjiān	*n.*	the human world
20.	一对	一对	yíduì	*n.*	a pair
21.	可爱	可愛	kě'ài	*adj.*	lovable; cute
22.	不久	不久	bùjiǔ	*adv.*	soon; before long
23.	王母娘娘	王母娘娘	wángmǔ niángniang	*prn.*	Queen of Heaven
24.	嫁	嫁	jià	*v.*	(of a woman) marry
25.	抓	抓	zhuā	*v.*	grab
26.	追	追	zhuī	*v.*	chase; pursue
27.	簪子	簪子	zānzi	*n.*	hair clasp
28.	划	劃	huà	*v.*	draw; mark
29.	宽	寬	kuān	*adj.*	wide
30.	挡住	擋住	dǎngzhù	*v.*	block; obstruct

	Simplified Characters	Traditional Characters	Pinyin	Part of Speech	English Definition
1.	爱慕	愛慕	àimù	v.	adore; admire
2.	多情	多情	duōqíng	adj.	passionate; full of tenderness
3.	依恋	依戀	yīliàn	v.	be reluctant to leave
4.	亲近	親近	qīnjìn	v.	be close to
5.	感情	感情	gǎnqíng	n.	emotion; feeling
6.	甜蜜	甜蜜	tiánmì	adj.	sweet; happy
7.	亲密	親密	qīnmì	adj.	close; intimate
8.	思念	思念	sīniàn	v.	think of; miss
9.	伤感	傷感	shānggǎn	adj.	heartsick; sentimental
10.	伤心	傷心	shāngxīn	adj.	sad; broken-hearted
11.	寂寞	寂寞	jìmò	adj.	lonely
12.	薄情	薄情	bóqíng	adj.	fickle; inconstant in love
13.	激情	激情	jīqíng	n.	passion; enthusiasm

	Simplified Characters	Traditional Characters	Pinyin	Part of Speech	English Definition
14.	开心	開心	kāixīn	*adj.*	happy
15.	浪漫	浪漫	làngmàn	*adj.*	romantic

<table>
<tr><td align="center">出處</td></tr>
<tr><td align="center">Source</td></tr>
</table>

故事出處：《荆楚歲時記》

　　原文：天河之東有織女，天帝之子也，年年織杼勞役，織成雲錦天衣。天帝哀其獨處，許配河西牽牛郎，嫁後遂廢織衽。天帝怒，責令歸河東，唯每年七月七日夜一會。

一、连接意思相关的词语
Link the related words

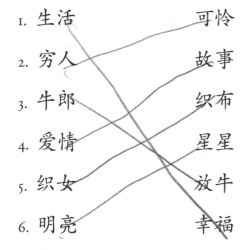

1. 生活   可怜

2. 穷人   故事

3. 牛郎   织布

4. 爱情   星星

5. 织女   放牛

6. 明亮   幸福

一、連接意思相關的詞語
Link the related words

1. 生活   可憐

2. 窮人   故事

3. 牛郎   織布

4. 愛情   星星

5. 織女   放牛

6. 明亮   幸福

二、选择合适的短语完成句子
Choose the most appropriate phrase to complete the sentence

1. 天帝很生气，是因为
   a. 织女到人间去帮助牛郎织布。
   (b.)织女结婚以后不好好地织布。
   c. 织女可以织出非常漂亮的布。

2. 王母娘娘很生气，是因为
   a. 织女和牛郎生了两个小孩子。
   b. 织女结婚以后不好好地织布。
   (c.)织女嫁给了一个放牛的穷人。

3. 为什么织女愿意嫁给牛郎，因为
   a. 织女喜欢穷人。
   (b.)织女喜欢牛郎。
   c. 织女喜欢放牛。

4. 王母娘娘划出一条大河是为了
   a. 不让牛郎和孩子在一起。
   (b.)不让牛郎和织女在一起。
   c. 不让织女和孩子在一起。

二、選擇合適的短語完成句子

Choose the most appropriate phrase to complete the sentence

1. 天帝很生氣，是因為
   a. 織女到人間去幫助牛郎織布。
   b. 織女結婚以後不好好地織布。
   c. 織女可以織出非常漂亮的布。

2. 王母娘娘很生氣，是因為
   a. 織女和牛郎生了兩個小孩子。
   b. 織女結婚以後不好好地織布。
   c. 織女嫁給了一個放牛的窮人。

3. 為什麼織女願意嫁給牛郎，因為
   a. 織女喜歡窮人。
   b. 織女喜歡牛郎。
   c. 織女喜歡放牛。

4. 王母娘娘劃出一條大河是為了
   a. 不讓牛郎和孩子在一起。
   b. 不讓牛郎和織女在一起。
   c. 不讓織女和孩子在一起。

三、找出正确的答案

Choose the correct answer

1. 织女星和牛郎星在什么地方？
   a. 织女星在银河东边，牛郎星在银河西边。
   b. 织女星在银河西边，牛郎星在银河东边。
   c. 织女星在银河前边，牛郎星在银河后边。

2. 为什么牛郎和织女在银河的两边？
   a. 因为王母娘娘不喜欢牛郎。
   b. 因为王母娘娘不喜欢孩子。
   c. 因为王母娘娘不喜欢织女。

3. 织女和牛郎在一起生活得怎么样？
   a. 他们在一起很可怜。
   b. 他们在一起很幸福。
   c. 他们在一起很生气。

4. 为什么人们要编一个新的故事？
   a. 因为以前的故事没有意思。
   b. 因为以前的故事没有牛郎。
   c. 因为以前的故事没有孩子。

三、找出正確的答案
Choose the correct answer

1. 織女星和牛郎星在什麼地方？
   a. 織女星在銀河東邊，牛郎星在銀河西邊。
   b. 織女星在銀河西邊，牛郎星在銀河東邊。
   c. 織女星在銀河前邊，牛郎星在銀河後邊。

2. 為什麼牛郎和織女在銀河的兩邊？
   a. 因為王母娘娘不喜歡牛郎。
   b. 因為王母娘娘不喜歡孩子。
   c. 因為王母娘娘不喜歡織女。

3. 織女和牛郎在一起生活得怎麼樣？
   a. 他們在一起很可憐。
   b. 他們在一起很幸福。
   c. 他們在一起很生氣。

4. 為什麼人們要編一個新的故事？
   a. 因為以前的故事沒有意思。
   b. 因為以前的故事沒有牛郎。
   c. 因為以前的故事沒有孩子。

四、思考问题，说说你的看法
Think about the questions and talk about your perspective

1. 你觉得织女做得对不对？为什么？

2. 你觉得王母娘娘做得对不对？为什么？

3. 人们为什么喜欢第二个故事，不喜欢第一个？

四、思考問題，說說你的看法
Think about the questions and talk about your perspective

1. 你覺得織女做得對不對？為什麼？

2. 你覺得王母娘娘做得對不對？為什麼？

3. 人們為什麼喜歡第二個故事，不喜歡第一個？

九

◆ 天上星星亮晶晶 ◆
◆ 天上星星亮晶晶 ◆

The Sky Is Bright with Stars

天黑了，夜晚的天空中出现了许多星星，这些星星像是随意撒上去的钻石，亮晶晶的散落在远近高低不同的地方。落到远处的，看起来小一些，亮光淡一些；落在近处的，就大一些，亮光也强一些。因为撒得不匀，有的地方只有稀稀的几颗，有的地方聚集了很多，最多的密密麻麻的像一条银白色的河。

其实，天上的星星不是随意撒上去的，它们都有自己的家，每天晚上它们都会在同一个地方出来。还有的星星有好几个家，春夏秋冬住在不同的地方。

星星跟我们一样也有自己的名字，有的叫金星，有的叫火星，还有的叫水星、木星、土星什么的。有几个星星的名字特别好听，比如：摇光星、海石星、孔雀星、紫薇星、织女星、牵牛星，等等。

中国有位诗人写过一首诗，说星星是天上的街灯，他说："天上的明星现了，好像点着无数的街灯。我想那缥缈的空中，定然有美丽的街市。"在诗人的心中，天上有一个美丽的世界。

天黑了，夜晚的天空中出現了許多星星，這些星星像是隨意撒上去的鑽石，亮晶晶的散落在遠近高低不同的地方。落到遠處的，看起來小一些，亮光淡一些；落在近處的，就大一些，亮光也強一些。因為撒得不勻，有的地方只有稀稀的幾顆，有的地方聚集了很多，最多的密密麻麻的像一條銀白色的河。

其實，天上的星星不是隨意撒上去的，它們都有自己的家，每天晚上它們都會在同一個地方出來。還有的星星有好幾個家，春夏秋冬住在不同的地方。

星星跟我們一樣也有自己的名字，有的叫金星，有的叫火星，還有的叫水星、木星、土星什麼的。有幾個星星的名字特別好聽，比如：搖光星、海石星、孔雀星、紫薇星、織女星、牽牛星，等等。

中國有位詩人寫過一首詩，說星星是天上的街燈，他說："天上的明星現了，好像點著無數的街燈。我想那縹緲的空中，定然有美麗的街市。"在詩人的心中，天上有一個美麗的世界。

很多年来，人们一直想去天上转转，于是就有了"嫦娥奔月"、"牛郎织女"的传说；很多年来，星星们也一直想到人间看看，那悄悄划过夜空的一道道亮光，就是偷偷溜向人间的流星。

老人们说，流星可以给人们带来幸福和欢乐。所以每当人们看到流星的时候都会合起手掌，对着流星默默地许愿，他们希望流星给自己带来幸福，给家人带来欢乐。

很多年來，人們一直想去天上轉轉，於是就有了"嫦娥奔月"、"牛郎織女"的傳說；很多年來，星星們也一直想到人間看看，那悄悄劃過夜空的一道道亮光，就是偷偷溜向人間的流星。

　　老人們說，流星可以給人們帶來幸福和歡樂。所以每當人們看到流星的時候都會合起手掌，對著流星默默地許願，他們希望流星給自己帶來幸福，給家人帶來歡樂。

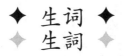

♦ 生词 ♦
生詞

New Vocabulary

	Simplified Characters	Traditional Characters	Pinyin	Part of Speech	English Definition
1.	亮晶晶	亮晶晶	liàngjīngjīng	*adj.*	glittering; sparkling
2.	随意	隨意	suíyì	*adv.*	as one pleases; randomly
3.	撒	撒	sǎ	*v.*	sprinkle; scatter
4.	钻石	鑽石	zuànshí	*n.*	diamond
5.	散落	散落	sǎnluò	*v.*	be scattered
6.	落	落	luò	*v.*	fall; drop
7.	亮光	亮光	liàngguāng	*n.*	light
8.	淡	淡	dàn	*adj.*	weak
9.	强	強	qiáng	*adj.*	strong; powerful
10.	匀	匀	yún	*adj.*	even; well-distributed
11.	稀	稀	xī	*adj.*	thin
12.	聚集	聚集	jùjí	*v.*	gather; assemble
13.	密密麻麻	密密麻麻	mìmìmámá	*adj.*	thickly dotted; numerous

Simplified Characters	Traditional Characters	Pinyin	Part of Speech	English Definition
14. 街灯	街燈	jiēdēng	n.	streetlight
15. 明	明	míng	adj.	bright
16. 现(出现)	現(出現)	xiàn (chūxiàn)	v.	appear
17. 点着	點著	diǎnzháo	v.	light (a lamp, fire, etc.)
18. 无数	無數	wúshù	adj.	countless
19. 缥缈	縹緲	piāomiǎo	adj.	dimly discernible
20. 空中	空中	kōngzhōng	n.	sky; air
21. 定然	定然	dìngrán	adv.	certainly; definitely
22. 街市	街市	jiēshì	n.	downtown streets
23. 转转	轉轉	zhuànzhuan	v.	stroll; go for a walk
24. 嫦娥 奔月	嫦娥 奔月	cháng'é bēnyuè	prn.	Legend of Chang'e
25. 悄悄	悄悄	qiāoqiāo	adv.	stealthily; secretly
26. 溜	溜	liū	v.	sneak off; slip away
27. 流星	流星	liúxīng	n.	shooting star
28. 手掌	手掌	shǒuzhǎng	n.	palm of the hand
29. 默默地	默默地	mòmòde	adv.	quietly; silently
30. 许愿	許願	xǔyuàn	v.	wish; make a vow to a god

◆ 常用的有关星星的词语 ◆
常用的有關星星的詞語

Commonly Used Related Words and Phrases

	Simplified Characters	Traditional Characters	Pinyin	Part of Speech	English Definition
1.	恒星	恒星	héngxīng	*n.*	fixed star
2.	行星	行星	xíngxīng	*n.*	planet
3.	金星	金星	jīnxīng	*prn.*	Venus
4.	火星	火星	huǒxīng	*prn.*	Mars
5.	水星	水星	shuǐxīng	*prn.*	Mercury
6.	土星	土星	tǔxīng	*prn.*	Saturn
7.	木星	木星	mùxīng	*prn.*	Jupiter
8.	冥王星	冥王星	míngwángxīng	*prn.*	Pluto
9.	天王星	天王星	tiānwángxīng	*prn.*	Uranus
10.	海王星	海王星	hǎiwángxīng	*prn.*	Neptune
11.	摇光星	搖光星	yáoguāngxīng	*prn.*	Alkaid (star in the Big Dipper)
12.	海石星	海石星	hǎishíxīng	*prn.*	Avior (name of a star)
13.	孔雀星	孔雀星	kǒngquèxīng	*prn.*	Peacock (name of a star)
14.	紫薇星	紫薇星	zǐwēixīng	*prn.*	North Star
15.	北斗星	北鬥星	běidǒuxīng	*prn.*	the Big Dipper

詩詞出處：郭沫若《天上的街市》

原文：遠遠的街燈明了，
好像閃著無數的明星。
天上的明星現了，
好像點著無數的街燈。
我想那縹緲的空中，
定然有美麗的街市。
街市上陳列的一些物品，
定然是世上沒有的珍奇。
你看,那淺淺的天河,
定然是不甚寬廣。
那隔著河的牛郎織女，
定能夠騎著牛兒來往。
我想他們此刻，
定然在天街閒遊。
不信，請看那朵流星，
是他們提著燈籠在走。

1922年3月《創造季刊》第1卷第1期。

<table>
<tr><td colspan="2" align="center">练习</td></tr>
<tr><td colspan="2" align="center">Exercises</td></tr>
</table>

一、连接意思相关的词语

Link the related words

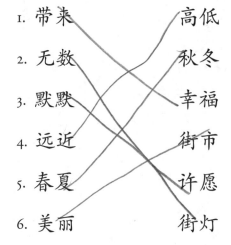

1. 带来   高低

2. 无数   秋冬

3. 默默   幸福

4. 远近   街市

5. 春夏   许愿

6. 美丽   街灯

練習

Exercises

一、連接意思相關的詞語
Link the related words

....

1. 帶來   高低

2. 無數   秋冬

3. 默默   幸福

4. 遠近   街市

5. 春夏   許願

6. 美麗   街燈

二、选择合适的短语完成句子

Choose the most appropriate phrase to complete the sentence

1. 夜晚的天空中出现了许多星星，这些星星
   a. 没有自己的名字，没有自己的家。
   b. 都有自己的名字，都有自己的家。
   c. 知道自己的名字，知道自己的家。

2. 有一位诗人写过一首诗，说
   a. 星星是天上的街市。
   b. 星星是天上的银河。
   c. 星星是天上的街灯。

3. 老人们说流星
   a. 可以给人们带来爱情和金钱。
   b. 可以给人们带来幸福和欢乐。
   c. 可以给人们带来富贵和运气。

4. 夜晚天空中的星星像
   a. 随意撒在天空中的钻石。
   b. 散落在远近高低的街市。
   c. 密密麻麻的银白色的河。

二、選擇合適的短語完成句子
Choose the most appropriate phrase to complete the sentence

1. 夜晚的天空中出現了許多星星，這些星星
   a. 沒有自己的名字，沒有自己的家。
   b. 都有自己的名字，都有自己的家。
   c. 知道自己的名字，知道自己的家。

2. 有一位詩人寫過一首詩，說
   a. 星星是天上的街市。
   b. 星星是天上的銀河。
   c. 星星是天上的街燈。

3. 老人們說流星
   a. 可以給人們帶來愛情和金錢。
   b. 可以給人們帶來幸福和歡樂。
   c. 可以給人們帶來富貴和運氣。

4. 夜晚天空中的星星像
   a. 隨意撒在天空中的鑽石。
   b. 散落在遠近高低的街市。
   c. 密密麻麻的銀白色的河。

三、找出正确的答案

Choose the correct answer

1. 诗人为什么说星星是天上的街灯？

    a. 因为人间的街灯看起来很像天上的星星。

    b. 因为在诗人心中天上有一个美丽的街市。

    c. 因为远处的星星和近处的星星亮光不同。

2. 人们看到流星的时候为什么合起手掌？

    a. 他们要对着流星许愿，希望自己能去天上转转。

    b. 他们要对着流星许愿，希望流星到人间来看看。

    c. 他们要对着流星许愿，希望自己幸福家人欢乐。

3. 为什么许多星星每天晚上都会在同一个地方出来？

    a. 因为星星都有自己的家。

    b. 因为星星都有好几个家。

    c. 因为星星没有自己的家。

三、找出正確的答案
Choose the correct answer

1. 詩人為什麼說星星是天上的街燈？
   a. 因為人間的街燈看起來很像天上的星星。
   b. 因為在詩人心中天上有一個美麗的街市。
   c. 因為遠處的星星和近處的星星亮光不同。

2. 人們看到流星的時候為什麼合起手掌？
   a. 他們要對著流星許願，希望自己能去天上轉轉。
   b. 他們要對著流星許願，希望流星到人間來看看。
   c. 他們要對著流星許願，希望自己幸福家人歡樂。

3. 為什麼許多星星每天晚上都會在同一個地方出來？
   a. 因為星星都有自己的家。
   b. 因為星星都有好幾個家。
   c. 因為星星沒有自己的家。

4. 为什么有"嫦娥奔月"、"牛郎织女"这样的传说?

    a. 因为很多年来，人们都喜欢听星星的传说。

    b. 因为很多年来，人们一直都想去天上转转。

    c. 因为很多年来，人们喜欢牛郎织女和嫦娥。

四、思考问题，说说你的看法

Think about the questions and talk about your perspective

1. 你在夜晚看星星的时候会想什么?

2. 你想不想到天上去看星星? 为什么?

3. 你们国家有哪些星星和月亮的传说?

4. 為什麼有"嫦娥奔月"、"牛郎織女"這樣的傳說?

    a. 因為很多年來，人們都喜歡聽星星的傳說。

    b. 因為很多年來，人們一直都想去天上轉轉。

    c. 因為很多年來，人們喜歡牛郎織女和嫦娥。

四、思考問題，說說你的看法
Think about the questions and talk about your perspective

1. 你在夜晚看星星的時候會想什麼?

2. 你想不想到天上去看星星? 為什麼?

3. 你們國家有哪些星星和月亮的傳說?

十

♦ 长城故宫兵马俑 ♦
◆ 長城故宮兵馬俑 ◆

Great Wall, Imperial Palace, Terracotta Warriors

中国是一个古老的国家，她有很长的历史，有很多名胜古迹，比如北京的长城、故宫、颐和园，西安的半坡村、兵马俑、大雁塔等等。在中国不管你去哪个城市，都能看到古代留下来的东西。

长城是两千多年前开始建造的，最早建造长城是为了防御北方少数民族的侵略，当时北边的几个国家把他们自己的城墙连接起来，这就是最早的长城。长城的头在山海关，它的尾巴在嘉峪关。因为长城从东向西有一万多里，所以叫做"万里长城"。

来中国旅游的外国人都要去爬长城，长城上有一块石碑，上面写着"不到长城非好汉！"好汉就是英雄，这句话的意思是说，爬上长城的人才是英雄。

故宫是1402年建造的，它是明朝和清朝的皇宫。故宫很大，从南到北有961米长，从东到西有753米宽。书上说故宫里面一共有9999间半房屋。故宫的墙是红色的，屋顶是黄色的，站在高处远远望去，一片金黄色，特别漂亮，故宫的南边是世界有名的天安门。

中國是一個古老的國家，她有很長的歷史，有很多名勝古跡，比如北京的長城、故宮、頤和園，西安的半坡村、兵馬俑、大雁塔等等。在中國不管你去哪個城市，都能看到古代留下來的東西。

長城是兩千多年前開始建造的，最早建造長城是為了防禦北方少數民族的侵略，當時北邊的幾個國家把他們自己的城牆連接起來，這就是最早的長城。長城的頭在山海關，它的尾巴在嘉峪關。因為長城從東向西有一萬多里，所以叫做"萬里長城"。

來中國旅遊的外國人都要去爬長城，長城上有一塊石碑，上面寫著"不到長城非好漢！"好漢就是英雄，這句話的意思是說，爬上長城的人才是英雄。

故宮是1402年建造的，它是明朝和清朝的皇宮。故宮很大，從南到北有961米長，從東到西有753米寬。書上說故宮裏面一共有9999間半房屋。故宮的牆是紅色的，屋頂是黃色的，站在高處遠遠望去，一片金黃色，特別漂亮，故宮的南邊是世界有名的天安門。

兵马俑是从地下出土的像真人真马一样大的陶俑，这些陶俑是秦朝的时候制作的，现在出土的已经有一万多个了。这些兵马俑是一支军队，里面有将军也有士兵，士兵有的牵着马，有的拿着刀剑。当时把这些兵马俑埋在地下是为了保卫死去的秦始皇的。

参观名胜古迹可以帮助我们了解历史和文化，人们喜欢爬长城，游故宫，看兵马俑，就是想更好地了解中国的历史和文化。

兵馬俑是從地下出土的像真人真馬一樣大的陶俑，這些陶俑是秦朝的時候制作的，現在出土的已經有一萬多個了。這些兵馬俑是一支軍隊，裏面有將軍也有士兵，士兵有的牽著馬，有的拿著刀劍。當時把這些兵馬俑埋在地下是為了保衛死去的秦始皇的。

　　參觀名勝古跡可以幫助我們了解歷史和文化，人們喜歡爬長城，遊故宮，看兵馬俑，就是想更好地了解中國的歷史和文化。

✦ 生词 ✦
✦ 生詞 ✦

New Vocabulary

Simplified Characters	Traditional Characters	Pinyin	Part of Speech	English Definition
1. 历史	歷史	lìshǐ	n.	history
2. 名胜古迹	名勝古跡	míngshènggǔjì	n.	a place famous for its scenery or historical relics
3. 建造	建造	jiànzào	v.	build; construct
4. 防御	防禦	fángyù	v.	defend; guard
5. 少数民族	少數民族	shǎoshùmínzú	n.	ethnic minority
6. 侵略	侵略	qīnlüè	n.	aggression; invasion
7. 城墙	城牆	chéngqiáng	n.	city wall
8. 连接	連接	liánjiē	v.	join; link
9. 尾巴	尾巴	wěiba	n.	tail; end part
10. 里	里	lǐ	n.	Chinese unit of length (equal to half a kilometer)
11. 石碑	石碑	shíbēi	n.	stone tablet; stele
12. 非	非	fēi	adv.	not

	Simplified Characters	Traditional Characters	Pinyin	Part of Speech	English Definition
13.	好汉	好漢	hǎohàn	*n.*	true man
14.	英雄	英雄	yīngxióng	*n.*	hero
15.	皇宫	皇宮	huánggōng	*n.*	imperial palace
16.	米	米	mǐ	*n.*	meter
17.	房屋	房屋	fángwū	*n.*	houses; buildings
18.	屋顶	屋頂	wūdǐng	*n.*	roof; top of a house
19.	望	望	wàng	*v.*	gaze into the distance
20.	地下	地下	dìxià	*n.*	underground
21.	出土	出土	chūtǔ	*v.*	be unearthed; be excavated
22.	陶俑	陶俑	táoyǒng	*n.*	pottery figurine
23.	军队	軍隊	jūnduì	*n.*	army; armed forces
24.	将军	將軍	jiāngjūn	*n.*	general (in the military)
25.	士兵	士兵	shìbīng	*n.*	soldiers
26.	刀剑	刀劍	dāojiàn	*n.*	knife and sword
27.	埋	埋	mái	*v.*	cover up (with earth, snow, etc.); bury
28.	保卫	保衛	bǎowèi	*v.*	defend
29.	秦始皇	秦始皇	Qín Shǐ huáng	*prn.*	Qin Shihuang, the emperor who first unified China
30.	游(游览)	遊(遊覽)	yóu (yóulǎn)	*v.*	go sightseeing; tour

✦ 常用的有关名胜古迹的词语 ✦
✦ 常用的有關名勝古迹的詞語 ✦

Commonly Used Related Words and Phrases

Simplified Characters	Traditional Characters	Pinyin	Part of Speech	English Definition
1. 长城	長城	Chángchéng	*prn.*	the Great Wall of China
2. 山海关	山海關	Shānhǎiguān	*prn.*	Great Wall pass in Hebei Province
3. 嘉峪关	嘉峪關	Jiāyùguān	*prn.*	Great Wall pass in Gansu Province
4. 故宫	故宫	Gùgōng	*prn.*	the Imperial Palace
5. 颐和园	頤和園	Yíhéyuán	*prn.*	the Summer Palace
6. 天安门	天安門	Tiān'ānmén	*prn.*	the Gate of Heavenly Peace
7. 天坛	天壇	Tiāntán	*prn.*	the Temple of Heaven
8. 西安	西安	Xī'ān	*prn.*	city in Shaanxi Province
9. 兵马俑	兵馬俑	Bīngmǎyǒng	*prn.*	Terracotta Warriors
10. 半坡村	半坡村	Bànpōcūn	*prn.*	archaeological site near Xi'an
11. 大雁塔	大雁塔	Dàyàntǎ	*prn.*	Great Wild Goose Pagoda
12. 小雁塔	小雁塔	Xiǎoyàntǎ	*prn.*	Small Wild Goose Pagoda
13. 钟楼	鐘樓	zhōnglóu	*n.*	bell tower

Table of Historic Chinese Dynasties

Simplified Characters	Traditional Characters	Pinyin	English Definition
夏朝	夏朝	Xiàcháo	Xia Dynasty (2070–1600 B.C.)
商朝	商朝	Shāngcháo	Shang Dynasty (1600–1046 B.C.)
周朝	周朝	Zhōucháo	Zhou Dynasty (1046–256 B.C.)
秦朝	秦朝	Qíncháo	Qin Dynasty (221–206 B.C.)
西汉	西漢	Xī Hàn	Western Han Dynasty (206 B.C.–A.D. 25)
东汉	東漢	Dōng Hàn	Eastern Han Dynasty (A.D. 25–220)
三国	三國	Sānguó	Three Kingdoms (A.D. 220–280)
晋朝	晉朝	Jìncháo	Jin Dynasty (A.D. 265–420)
南北朝	南北朝	Nánběicháo	Southern and Northern Dynasty (A.D. 420–589)

Simplified Characters	Traditional Characters	Pinyin	English Definition
隋朝	隋朝	Suícháo	Sui Dynasty (A.D. 581–618)
唐朝	唐朝	Tángcháo	Tang Dynasty (A.D. 618–907)
五代	五代	Wǔdài	Five Dynasties (A.D. 907–960)
宋朝	宋朝	Sòngcháo	Song Dynasty (A.D. 960–1279)
元朝	元朝	Yuáncháo	Yuan Dynasty (A.D. 1206–1368)
明朝	明朝	Míngcháo	Ming Dynasty (A.D. 1368–1644)
清朝	清朝	Qīngcháo	Qing Dynasty (A.D. 1644–1911)

一、连接意思相关的词语

Link the related words

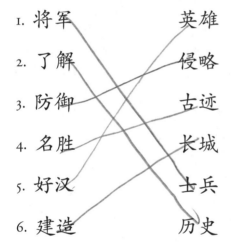

1. 将军   英雄

2. 了解   侵略

3. 防御   古迹

4. 名胜   长城

5. 好汉   士兵

6. 建造   历史

```
練習

Exercises
```

一、連接意思相關的詞語
Link the related words

1. 將軍　　英雄

2. 了解　　侵略

3. 防禦　　古跡

4. 名勝　　長城

5. 好漢　　士兵

6. 建造　　歷史

二、选择合适的短语完成句子
Choose the most appropriate phrase to complete the sentence

1. 建造长城最早是为了
   a. 把山海关和嘉峪关连起来。
   b. 防御北方少数民族的侵略。
   c. 让中国人和外国人爬长城。

2. "不到长城非好汉"是说
   a. 不爬长城的人也是英雄。
   b. 爬上长城的人不是英雄。
   c. 爬上长城的人才是英雄。

3. 西安的名胜古迹有
   a. 半坡村和兵马俑。
   b. 山海关和嘉峪关。
   c. 大雁塔和颐和园。

4. 西安出土的像真人真马一样大的兵马俑是
   a. 秦朝的时候制作的。
   b. 明朝的时候制作的。
   c. 清朝的时候制作的。

二、選擇合適的短語完成句子
Choose the most appropriate phrase to complete the sentence

1. 建造長城最早是為了
   a. 把山海關和嘉峪關連起來。
   b. 防禦北方少數民族的侵略。
   c. 讓中國人和外國人爬長城。

2. "不到長城非好漢"是說
   a. 不爬長城的人也是英雄。
   b. 爬上長城的人不是英雄。
   c. 爬上長城的人才是英雄。

3. 西安的名勝古跡有
   a. 半坡村和兵馬俑。
   b. 山海關和嘉峪關。
   c. 大雁塔和頤和園。

4. 西安出土的像真人真馬一樣大的兵馬俑是
   a. 秦朝的時候製作的。
   b. 明朝的時候製作的。
   c. 清朝的時候製作的。

三、找出正确的答案
Choose the correct answer

1. 为什么人们把兵马俑埋在地下？
    a. 为了防御少数民族的侵略。
    (b.) 为了保卫死去了的秦始皇。
    c. 为了以后可以参观兵马俑。

2. 为什么故宫特别漂亮？
    (a.) 因为故宫是红墙黄屋顶。
    b. 因为故宫里有很多房屋。
    c. 因为故宫旁边有天安门。

3. 长城为什么又叫"万里长城"？
    a. 因为它连接山海关和嘉峪关。
    b. 因为它能防御少数民族侵略。
    (c.) 因为它从东到西有一万多里。

4. 为什么人们喜欢爬长城，游故宫，看兵马俑？
    a. 为了了解美国的历史和文化。
    (b.) 为了了解中国的历史和文化。
    c. 为了了解英国的历史和文化。

三、找出正確的答案
Choose the correct answer

1. 為什麼人們把兵馬俑埋在地下？
    a. 為了防禦少數民族的侵略
    b. 為了保衛死去了的秦始皇。
    c. 為了以後可以參觀兵馬俑。

2. 為什麼故宮特別漂亮？
    a. 因為故宮是紅牆黃屋頂。
    b. 因為故宮裏有很多房屋。
    c. 因為故宮旁邊有天安門。

3. 長城為什麼又叫"萬里長城"？
    a. 因為它連接山海關和嘉峪關。
    b. 因為它能防禦少數民族侵略。
    c. 因為它從東到西有一萬多里。

4. 為什麼人們喜歡爬長城，遊故宮，看兵馬俑？
    a. 為了瞭解美國的歷史和文化。
    b. 為了瞭解中國的歷史和文化。
    c. 為了瞭解英國的歷史和文化。

四、思考问题，说说你的看法
Think about the questions and talk about your perspective

....

1. 你喜欢参观名胜古迹吗？为什么？

2. 你知道或者去过中国哪些名胜古迹？说说你的感觉。

3. 介绍一下你们国家的名胜古迹。

四、思考問題，說說你的看法
Think about the questions and talk about your perspective

1. 你喜歡參觀名勝古跡嗎？為什麼？

2. 你知道或者去過中國哪些名勝古跡？說說你的感覺。

3. 介紹一下你們國家的名勝古跡。

◆ 附录一 拼音课文 ◆

Appendix 1 Texts with Pinyin

为(wèi) 什(shén) 么(me) 尊(zūn) 敬(jìng) 老(lǎo) 人(rén)？

全(quán)世(shì)界(jiè)的(de)人(rén)都(dōu)尊(zūn)敬(jìng)老(lǎo)人(rén)，但(dàn)是(shì)中(zhōng)国(guó)人(rén)特(tè)别(bié)尊(zūn)敬(jìng)老(lǎo)人(rén)，我(wǒ)们(men)常(cháng)常(cháng)看(kàn)到(dào)在(zài)公(gōng)共(gòng)汽(qì)车(chē)上(shang)有(yǒu)人(rén)给(gěi)老(lǎo)人(rén)让(ràng)座(zuò)位(wèi)，过(guò)马(mǎ)路(lù)的(de)时(shí)候(hou)有(yǒu)人(rén)搀(chān)扶(fú)着(zhe)老(lǎo)人(rén)。中(zhōng)国(guó)许(xǔ)多(duō)城(chéng)市(shì)都(dōu)有(yǒu)老(lǎo)年(nián)大(dà)学(xué)，有(yǒu)老(lǎo)年(nián)活(huó)动(dòng)中(zhōng)心(xīn)，还(hái)有(yǒu)老(lǎo)年(nián)婚(hūn)姻(yīn)介(jiè)绍(shào)所(suǒ)。

中(zhōng)国(guó)人(rén)为(wèi)什(shén)么(me)特(tè)别(bié)尊(zūn)敬(jìng)老(lǎo)人(rén)呢(ne)？这(zhè)是(shì)因(yīn)为(wèi)很(hěn)早(zǎo)以(yǐ)前(qián)没(méi)有(yǒu)文(wén)字(zì)，人(rén)们(men)没(méi)有(yǒu)书(shū)，也(yě)没(méi)有(yǒu)字(zì)典(diǎn)，生(shēng)活(huó)中(zhōng)所(suǒ)有(yǒu)的(de)知(zhī)识(shi)都(dōu)是(shì)老(lǎo)人(rén)教(jiāo)给(gěi)年(nián)轻(qīng)人(rén)的(de)，老(lǎo)人(rén)生(shēng)活(huó)的(de)时(shí)间(jiān)长(cháng)，知(zhī)道(dào)的(de)事(shì)情(qíng)多(duō)，不(bù)管(guǎn)谁(shéi)有(yǒu)了(le)问(wèn)题(tí)，遇(yù)到(dào)了(le)麻(má)烦(fán)，都(dōu)会(huì)去(qù)问(wèn)老(lǎo)人(rén)。

问老人的时候一定要有礼貌。你要问老人家："请问您，这个怎么做？"老人回答你，都有礼貌，告诉你该怎么做，你一定会了，老人也很高兴。

有礼貌的人，老人家都很喜欢。老人心情高兴，愿意把知道的都告诉你。如果你没有礼貌，问老人："喂，什么？"老人一定不高兴，就不会告诉你了。

古时候，人们就教大家尊敬老人。老人知识大，可以帮大家。许多人都很忙，所以慢慢地就养成了尊敬老人的习惯。老师教大家要特别尊敬老人，大家也都养成了这个习惯。

后来有了文字，有了书。这时候，人们遇到生字、遇到问题，就去查书、查字典，就可以了，不再像以前那样，需要再去问人，再麻烦别人。现在有了字典，出现问题，查字典就可以了。

几千年来，中国人已经养成了尊敬老人的习惯，一直到今天，跟以前一样。虽然成年人、年轻人……但是……所以还是特别尊敬老人。

二

<ruby>狗<rt>gǒu</rt></ruby> <ruby>是<rt>shì</rt></ruby> <ruby>人<rt>rén</rt></ruby> <ruby>的<rt>de</rt></ruby> <ruby>好<rt>hǎo</rt></ruby> <ruby>朋<rt>péng</rt></ruby> <ruby>友<rt>you</rt></ruby>

我家养了一只小狗，白白的卷毛，黑黑的眼睛，长得可好看了，每次回家的时候，它都高兴地对着我叫，让我抱它；每次出门的时候，它都抓我的裤脚让我带它出去玩。

wǒ jiā yǎng le yī zhī xiǎo gǒu, bái bái de juǎn máo, hēi hēi de yǎn jīng, zhǎng de kě hǎo kàn le, měi cì huí jiā de shí hou, tā dōu gāo xìng de duì zhe wǒ jiào, ràng wǒ bào tā; měi cì chū mén de shí hou, tā dōu zhuā wǒ de kù jiǎo ràng wǒ dài tā chū qù wán.

我们家吃饭的时候，它就趴在我的脚下，眼巴巴地看着我，有时候我想给它一块肉，爸爸说不要随便给狗吃东西，狗有自己的饭。小狗看我不理它，就会对着我叫几声，这时候它的声音有点儿可怜。

wǒ men jiā chī fàn de shí hou, tā jiù pā zài wǒ de jiǎo xià, yǎn bā bā de kàn zhe wǒ, yǒu shí hou wǒ xiǎng gěi tā yī kuài ròu, bà ba shuō bú yào suí biàn gěi gǒu chī dōng xī, gǒu yǒu zì jǐ de fàn. xiǎo gǒu kàn wǒ bù lǐ tā, jiù huì duì zhe wǒ jiào jǐ shēng, zhè shí hou tā de shēng yīn yǒu diǎn ér kě lián.

我问爸爸：「爸爸，人为什么要养狗呢？」

爸爸说：「狗是人的好朋友，狗可以帮助人，救人命，做好事。」他给我讲了两个狗救人的故事。

以前有个叫杨生的人，养了一只狗。有一天，杨生喝醉了，在路边的草地上睡着了。这时候，远处的草地着火了，火很快向这边烧过来。

杨生睡着了，听不见。狗拼命地叫，杨生不醒。狗看见旁边有个水沟，就跑过去把身上弄湿，跑回来把水洒在杨生身边。就这样，狗来回地把杨生身边的草地都弄湿。小狗把身上弄湿，再弄湿了几十次。

最后，火烧过的时候，没有烧到杨生。

还

有一个故事，说：冬天的时候，天很冷。有个妈妈傍晚带着孩子和狗去山里捡柴。妈妈捡柴，孩子走着走着，慢慢落在后边，妈妈没看见，孩子不见了。天黑了，妈妈赶着去找，也没看到。

有人看到孩子靠着一棵大树下，和狗躺在一起。可是到第二天早上，孩子身上很暖，一点儿也没冻着，因为狗在孩子身上，狗睡得香香的。

这是真的故事。我听了爸爸讲的故事，更喜欢我家的小狗了。以后，狗和我是好朋友。

三

你　喜　欢　什　么　颜　色？
nǐ　xǐ　huān　shén　me　yán　sè

我爸爸喜欢蓝颜色，他说天是蓝色的，海是蓝色的，蓝色表示宁静。我妈妈喜欢绿颜色，她说草是绿色的，树是绿色的，绿色表示生命。我姐姐喜欢白色，她说云是白色的，雪是白色的，白色表示纯洁。

wǒ bà ba xǐ huān lán yán sè, tā shuō tiān shì lán sè de, hǎi shì lán sè de, lán sè biǎo shì níng jìng. wǒ mā ma xǐ huān lǜ yán sè, tā shuō cǎo shì lǜ sè de, shù shì lǜ sè de, lǜ sè biǎo shì shēng mìng. wǒ jiě jie xǐ huān bái sè, tā shuō yún shì bái sè de, xuě shì bái sè de, bái sè biǎo shì chún jié.

我喜欢什么颜色呢？我喜欢彩虹的颜色，彩虹有红、橙、黄、绿、青、蓝、紫七种颜色，我也喜欢花儿的颜色，花儿有各种不同的颜色，有红的，有黄的，蓝的，还有白的，什么颜色的花儿都有，所以我什么颜色都喜欢。

wǒ xǐ huān shén me yán sè ne? wǒ xǐ huān cǎi hóng de yán sè, cǎi hóng yǒu hóng, chéng, huáng, lǜ, qīng, lán, zǐ qī zhǒng yán sè, wǒ yě xǐ huān huā ér de yán sè, huā ér yǒu gè zhǒng bù tóng de yán sè, yǒu hóng de, yǒu huáng de, lán de, hái yǒu bái de, shén me yán sè de huā ér dōu yǒu, suǒ yǐ wǒ shén me yán sè dōu xǐ huān.

过生日的时候,爷爷送给我一盒彩笔,里面有24种不同的颜色。爷爷告诉我,世界上有很多颜色,多得数也数不清。不过红、绿、蓝是三种基本颜色,其他颜色都是这三种颜色合成的。

我爷爷奶奶说,中国人最喜欢红颜色,因为红颜色表示吉利,红颜色能给人们带来好的运气。中国人过年的时候,春联是红色的,鞭炮是红色的,小孩子的压岁钱也是红色纸包起来的。中国人结婚的时候,新娘穿红颜色的衣服,新郎给他们大红花,就是希望红色带来好运气。

中(zhōng)国(guó)人(rén)也(yě)喜(xǐ)欢(huān)黄(huáng)颜(yán)色(sè)，因(yīn)为(wèi)黄(huáng)颜(yán)色(sè)表(biǎo)示(shì)富(fù)贵(guì)，金(jīn)子(zi)是(shì)黄(huáng)色(sè)的(de)，龙(lóng)是(shì)黄(huáng)色(sè)的(de)，古(gǔ)代(dài)皇(huáng)帝(dì)穿(chuān)的(de)衣(yī)服(fu)，住(zhù)的(de)宫(gōng)殿(diàn)都(dōu)是(shì)黄(huáng)色(sè)的(de)。中(zhōng)国(guó)人(rén)的(de)祖(zǔ)先(xiān)生(shēng)活(huó)在(zài)黄(huáng)土(tǔ)地(dì)上(shàng)，喝(hē)的(de)是(shì)黄(huáng)河(hé)水(shuǐ)，自(zì)己(jǐ)皮(pí)肤(fū)也(yě)是(shì)黄(huáng)色(sè)的(de)。颜(yán)色(sè)让(ràng)世(shì)界(jiè)变(biàn)得(de)非(fēi)常(cháng)漂(piào)亮(liàng)，颜(yán)色(sè)不(bú)但(dàn)好(hǎo)看(kàn)而(ér)且(qiě)有(yǒu)特(tè)别(bié)的(de)含(hán)义(yì)，所(suǒ)以(yǐ)每(měi)个(gè)人(rén)都(dōu)喜(xǐ)欢(huān)颜(yán)色(sè)，每(měi)个(gè)人(rén)都(dōu)有(yǒu)自(zì)己(jǐ)喜(xǐ)欢(huān)的(de)颜(yán)色(sè)。

四

喝茶 hē chá　喝酒 hē jiǔ　喝咖啡 hē kā fēi

中国人在五千年前就开始喝茶了，后来喝茶的习惯从中国传到了世界各地。中国茶主要是绿茶、红茶、花茶三种。绿茶是制作时不发酵的，红茶是制作时要发酵的，花茶是在绿茶或者红茶中加上茉莉花或者别的花，花茶有一种花的香味。

喝茶本来像喝水、喝饮料一样，是为了解渴。可是几千年来，人们一直在研究泡茶、喝茶的方法，慢慢地，喝茶就变成了一种艺术。喝茶在唐朝的时……

候中国就已经有了研
茶的茶道和茶艺了。
中国人喝酒也是很早
就开始了，中国酒主要有三
种，一是白酒，白酒的度数比
较高，很容易喝醉，最有名的
白酒是贵州的茅台酒。另一
种是红酒，红酒度数低，不容
易喝醉。还有一种是黄酒，黄
酒是中国最早的酒，因为它
是用米做的，所以也叫米酒。
米酒大多是黄色的，比如绍
兴的加饭酒；米酒也有白色
的，比如陕西的桂花稠酒。
喝酒可以让人们高兴，
所以过年、过节的时候许多
人都会喝一点儿酒。古人写
文章、作诗的时候常常喝酒，
他们说喝了酒才能写出好

诗(shī) 和(hé) 好(hǎo) 文(wén) 章(zhāng) 唐(táng) 朝(cháo) 诗(shī) 人(rén) 李(lǐ) 白(bái) 很(hěn) 多(duō) 有(yǒu) 名(míng) 的(de) 诗(shī) 都(dōu) 是(shì) 喝(hē) 酒(jiǔ) 以(yǐ) 后(hòu) 写(xiě) 出(chū) 来(lái) 的(de)。

酒(jiǔ) 少(shǎo) 喝(hē) 点(diǎn) 儿(ér) 对(duì) 身(shēn) 体(tǐ) 好(hǎo), 喝(hē) 多(duō) 了(le) 对(duì) 身(shēn) 体(tǐ) 不(bù) 好(hǎo)。一(yī) 个(gè) 人(rén) 如(rú) 果(guǒ) 天(tiān) 天(tiān) 喝(hē) 酒(jiǔ), 每(měi) 天(tiān) 喝(hē) 很(hěn) 多(duō) 酒(jiǔ), 他(tā) 就(jiù) 觉(jué) 得(de) 难(nán) 受(shòu), 这(zhè) 种(zhǒng) 人(rén) 叫(jiào) 做(zuò) 酒(jiǔ) 鬼(guǐ)。

咖(kā) 啡(fēi) 是(shì) 从(cóng) 外(wài) 国(guó) 传(chuán) 到(dào) 中(zhōng) 国(guó) 的(de)。咖(kā) 啡(fēi) 是(shì) 一(yī) 百(bǎi) 多(duō) 年(nián) 前(qián) 才(cái) 传(chuán) 到(dào) 中(zhōng) 国(guó) 的(de)。喝(hē) 咖(kā) 啡(fēi) 的(de) 历(lì) 史(shǐ) 不(bù) 长(cháng), 但(dàn) 是(shì) 喝(hē) 咖(kā) 啡(fēi) 的(de) 人(rén) 却(què) 很(hěn) 多(duō)。以(yǐ) 前(qián) 中(zhōng) 国(guó) 各(gè) 地(dì) 方(fāng) 有(yǒu) 很(hěn) 多(duō) 茶(chá) 馆(guǎn), 现(xiàn) 在(zài) 咖(kā) 啡(fēi) 馆(guǎn) 很(hěn) 多(duō), 很(hěn) 多(duō) 地(dì) 方(fāng) 都(dōu) 能(néng) 看(kàn) 到(dào) 咖(kā) 啡(fēi) 馆(guǎn)。

五

快　餐　盒　饭　汉　堡　包
kuài　cān　hé　fàn　hàn　bǎo　bāo

在　中　国，不　管　是　火　车　站
zài　zhōng　guó，bù　guǎn　shì　huǒ　chē　zhàn

还　是　飞　机　场　都　有　卖　盒　饭　的　也
hái　shì　fēi　jī　chǎng　dōu　yǒu　mài　hé　fàn　de　yě

快　餐　店，医　院　和　图　书　馆　外　校
kuài　cān　diàn，yī　yuàn　hé　tú　shū　guǎn　wài　xiào

有　卖　盒　饭　的，甚　至　一　些　饭　的　车
yǒu　mài　hé　fàn　de，shèn　zhì　yī　xiē　fàn　de　chē

学　的
xué　de

门　口　也　能　看　到　卖　盒　饭
mén　kǒu　yě　néng　kàn　dào　mài　hé　fàn

子。
zi

人　们　为　什　么　喜　欢　吃　盒
rén　men　wèi　shén　me　xǐ　huān　chī　hé

饭　呢？这　是　因　为　盒　饭　是　快　餐，
fàn　ne　zhè　shì　yīn　wèi　hé　fàn　shì　kuài　cān

吃　快　餐　不　需　要　用　很　多　时　间，
chī　kuài　cān　bù　xū　yào　yòng　hěn　duō　shí　jiān

工　作　忙　的　人，出　外　办　事　的　人，
gōng　zuò　máng　de　rén，chū　wài　bàn　shì　de　rén

他　们　没　有　时　间　做　饭，于　是　就　有
tā　men　méi　yǒu　shí　jiān　zuò　fàn，yú　shì　jiù　yǒu

时　间　去　饭　馆　吃　饭，也　是　没　去
shí　jiān　qù　fàn　guǎn　chī　fàn，yě　shì　méi　qù

买　盒　饭。
mǎi　hé　fàn

中　国　人　很　注　意　饭　菜　的
zhōng　guó　rén　hěn　zhù　yì　fàn　cài　de

味　道，所　以　盒　饭　也　做　得　很　好
wèi　dào，suǒ　yǐ　hé　fàn　yě　zuò　de　hěn　hǎo

吃。盒饭有面条、有米饭，里面有肉，有青菜。吃素的人可以买没有肉的盒饭，那里面是麻婆豆腐、西红柿炒鸡蛋什么的，有的盒饭还带一小杯青菜豆腐汤。

美国人也喜欢吃快餐，不过他们的快餐不是盒饭，而是到麦当劳、肯德基、甜甜圈这些快餐店去吃。他们买了饭可以坐在店里面吃，也可以带回办公室吃。快餐店为了节约大家的时间，每个快餐店都有一个让人开车买饭的窗口。

美国人的快餐吃什么呢？在麦当劳的快餐吃什么？汉堡包，汉堡包是面包夹牛肉和奶酪，还……

有 一 片 西 红 柿 和 生 菜； 在 肯
yǒu yī piàn xī hóng shì hé shēng cài zài kěn

德 基 吃 炸 鸡 翅 和 土 豆 泥， 还
dé jī chī zhá jī chì hé tǔ dòu ní huán

有 蔬 菜 沙 拉； 在 甜 甜 圈 店 里
yǒu shū cài shā lā zài tián tián quān diàn lǐ

吃 甜 甜 圈， 甜 甜 圈 就 是 一 种
chī tián tián quān tián tián quān jiù shì yī zhǒng

甜 的 软 面 包 圈， 甜 甜 圈 店 里
tián de ruǎn miàn bāo quān tián tián quān diàn li

也 有 不 甜 的 硬 面 包 圈。
yě yǒu bù tián de yìng miàn bāo quān

美 国 最 简 单 的 快 餐 是
měi guó zuì jiǎn dān de kuài cān shì

热 狗， 热 狗 就 是 在 长 条 面 包
rè gǒu rè gǒu jiù shì zài cháng tiáo miàn bāo

里 夹 火 腿 肠， 上 面 放 一 点 儿
lǐ jiā huǒ tuǐ cháng shàng miàn fàng yī diǎn ér

西 红 柿 酱 和 芥 末 酱， 在 美 国
xī hóng shì jiàng hé jiè mò jiàng zài měi guó

比 萨 饼 也 是 一 种 快 餐。
bǐ sà bǐng yě shì yī zhǒng kuài cān

近 年 来， 美 国 在 中 国 开
jìn nián lái měi guó zài zhōng guó kāi

了 很 多 快 餐 店 现 在 不 管 到
le hěn duō kuài cān diàn xiàn zài bù guǎn dào

哪 儿 都 可 以 看 到 麦 当 劳、 肯
nǎ ér dōu kě yǐ kàn dào mài dāng láo kěn

德 基 和 甜 甜 圈， 有 时 候 也 能
dé jī hé tián tián quān yǒu shí hou yě néng

看 到 卖 比 萨 饼 的 比 萨 店。
kàn dào mài bǐ sà bǐng de bǐ sà diàn

六

挂 件 香 包 吉 祥 钱
guà　jiàn　xiāng　bāo　jí　xiáng　qián

以前中国人过新年的时候，常常在小孩子的身上挂一个铜钱。这个铜钱正面画着龙和凤，背面写着平安吉祥，这种钱叫做吉祥钱。它不是真的钱，不可以买东西，只是用来保佑小孩子健康平安的。

yǐqián zhōngguó rén guò xīnnián de shíhou, chángcháng zài xiǎo háizi de shēnshang guà yī gè tóngqián. zhè gè tóngqián zhèngmiàn huà zhe lóng hé fèng, bèimiàn xiě zhe píng'ān jíxiáng, zhè zhǒng qián jiào zuò jíxiáng qián. tā bú shì zhēn de qián, bù kěyǐ mǎi dōngxi, zhǐ shì yòng lái bǎoyòu xiǎo háizi jiànkāng píng'ān de.

人们过端午节的时候，也会在孩子身上挂一个香包。说是夏天快到了，蚊虫多起来了，香包可以让孩子不被蚊子叮，不被虫子咬。现在的小孩子过年不挂吉祥钱了，端午节也不挂……

rénmen guò duānwǔ jié de shíhou, yě huì zài háizi shēnshang guà yī gè xiāngbāo. shuō shì xiàtiān kuài dào le, wénchóng duō qǐlái le, xiāngbāo kěyǐ ràng háizi bú bèi wénzi dīng, bú bèi chóngzi yǎo. xiànzài de xiǎo háizi guònián bú guà jíxiáng qián le, duānwǔ jié yě bù guà…

香包了，他们喜欢在手机上
xiāng bāo le， tā men xǐ huān zài shǒu jī shang

挂一个漂亮的挂件。
guà yī gè piāo liàng de guà jiàn。

什么是挂件？挂件就是
shén me shì guà jiàn？ guà jiàn jiù shì

挂在身上或者其他东西上
guà zài shēn shang huò zhě qí tā dōng xī shang

的小饰物。挂件有不同的形
de xiǎo shì wù。 guà jiàn yǒu bù tóng de xíng

状，有星星、有月亮，有花、有树，
zhuàng， yǒu xīng xīng yǒu yuè liàng， yǒu huā yǒu shù，

还有小猫、小狗、小鹿等一些
hái yǒu xiǎo māo xiǎo gǒu xiǎo lù děng yī xiē

小动物。挂件有的是用塑料
xiǎo dòng wù。 guà jiàn yǒu de shì yòng sù liào

做的，有的是用金属做的，还
zuò de， yǒu de shì yòng jīn shǔ zuò de， huán

有的是用玉石做的，最漂亮
yǒu de shì yòng yù shí zuò de， zuì piāo liàng

的是用水晶做的。
de shì yòng shuǐ jīng zuò de。

很多挂件不但好看，而
hěn duō guà jiàn bú dàn hǎo kàn， ér

且还有特别的含义，所以不
qiě hái yǒu tè bié de hán yì， suǒ yǐ bú

但小孩子喜欢，大人们也喜
dàn xiǎo hái zi xǐ huān， dà rén men yě xǐ

欢。比如：属相星座的挂件
huān。 bǐ rú： shǔ xiàng xīng zuò de guà jiàn

是希望有一个好运气，观音
shì xī wàng yǒu yī gè hǎo yùn qi， guān yīn

菩萨和十字架的挂件表示
pú sà hé shí zì jià de guà jiàn biǎo shì

一种信仰，长城和兵马俑的
yī zhǒng xìn yǎng， cháng chéng hé bīng mǎ yǒng de

挂件表示以前和旅游过地
guà jiàn biǎo shì yǐ qián hé lǚ yóu guò dì

方，心和玫瑰花的挂件表示爱情。
fāng xīn hé méi guī huā de guà jiàn biǎo shì ài qíng

表示爱情的挂件很多，许多年轻的中国人喜欢一种金属做的两个小娃娃的挂件。这两个小娃娃一男一女，可以分开，也可以合起来。他们把一个娃娃留给自己，另一个送给自己心爱的人。他们说，这两个娃娃就是你和我，我们把它挂在手机上，我每天可以看到你，你每天也可以看到我，我们天天在一起。

biǎo shì ài qíng de guà jiàn hěn duō, xǔ duō nián qīng de zhōng guó rén xǐ huān yī zhǒng jīn shǔ zuò de liǎng gè xiǎo wá wa de guà jiàn. zhè liǎng gè xiǎo wá wa yī nán yī nǚ, kě yǐ fēn kāi, yě kě yǐ hé qǐ lái. tā men bǎ yī gè wá wa liú gěi zì jǐ, lìng yī gè sòng gěi zì jǐ xīn ài de rén. tā men shuō, zhè liǎng gè wá wa jiù shì nǐ hé wǒ, wǒ men bǎ tā guà zài shǒu jī shang, wǒ měi tiān kě yǐ kàn dào nǐ, nǐ měi tiān yě kě yǐ kàn dào wǒ, wǒ men tiān tiān zài yī qǐ.

七

扇　子　剪　纸　和　风　筝
shàn　zi　jiǎn　zhǐ　hé　fēng　zheng

扇子是用来扇凉的，可是在中国，扇子还有别的用处，有的扇子做得很大，挂在墙上让大家欣赏；有的扇子做得很小，带在身上用来把玩。挂在墙上的大扇子，有用纸做的，也有用丝绸做的；用来把玩的扇子，除了纸和丝绸以外，还有用香木做的。扇子上面有的画着花鸟和山水，有的写着诗词。扇子还可以用来跳舞，中国有一种舞蹈叫扇子舞，跳舞用的扇子是用红绸布做的。

shàn zi shì yòng lái shān liáng de, kě shì zài zhōng guó, shàn zi hái yǒu bié de yòng chu, yǒu de shàn zi zuò de hěn dà, guà zài qiáng shang ràng dà jiā xīn shǎng; yǒu de shàn zi zuò de hěn xiǎo, dài zài shēn shang yòng lái bǎ wán. guà zài qiáng shang de dà shàn zi, yǒu yòng zhǐ zuò de, yě yǒu yòng sī chóu zuò de; yòng lái bǎ wán de shàn zi, chú le zhǐ hé sī chóu yǐ wài, hái yǒu yòng xiāng mù zuò de. shàn zi shàng miàn yǒu de huà zhe huā niǎo hé shān shuǐ, yǒu de xiě zhe shī cí. shàn zi hái kě yǐ yòng lái tiào wǔ, zhōng guó yǒu yī zhǒng wǔ dǎo jiào shàn zi wǔ, tiào wǔ yòng de shàn zi shì yòng hóng chóu bù zuò de.

剪纸是在纸上剪出各种各样的图案的。大多是红色的。先把纸折起来，折好几层，然后用剪刀在折好的纸上简单地剪几下，打开以后就成了一幅非常漂亮的画儿。

剪纸不但可以剪出画儿来，还可以剪出字来。过年的时候人们喜欢剪"福"字，人们把福字贴在门上和窗户上，门上的那个福字要倒着贴，意思是说福到了。结婚的时候人们喜欢剪"囍"字，这是两个连在一起的喜字，叫红双喜。人们把囍贴在门上、墙上和窗户上，祝愿结婚的人幸福快乐！

风筝是一种可以放飞到天上的玩具，放风筝是一种娱乐，也是一种运动。世界上许多国家都有风筝节，也有放风筝比赛。风筝有各种各样的形状，有的做得像鸟和蝴蝶一样，这种风筝在天上飞，就像是真的鸟、真的蝴蝶在飞。

扇子、剪纸和风筝是中国古老的民间工艺品，三千年前就有扇子了，两千多年前就出现了风筝，剪纸也有一千五百多年的历史了。

八

星星的爱情故事
xīng xing de ài qíng gù shì

在夜晚的天空中,你可以看到一条银白色的光带,长长的光带就像一条河,人们把它叫银河。银河的两边有两颗明亮的星星,东边那颗叫织女星,西边的这颗叫牵牛星,牵牛星的旁边还有两颗小星星。

很久以前,中国有一个织女星和牵牛星的传说,说织女星是天帝的女儿,她能织出非常漂亮的布。可是织女和一个叫牵牛的人结婚以后,就不好好地织布了。天帝很生气,就把他们分开,让织女住在银河的东边，让牵牛住在银河的西边，两人一年只能见一次面。

后来大家觉得这个传说没有意思，于是又编了一个星星的爱情故事。说有一个小伙子很穷，他没有父母，也没有家，每天给别人放牛，大家叫他牛郎。有一天，天上的织女听说了牛郎的事情，她觉得牛郎很可怜，于是就偷偷地来到人间帮助牛郎。织女和牛郎一起生活，他们生活得很幸福，还生了一对可爱的小儿女。

不久，织女的妈妈王母娘娘知道了这件事，她很生气，她不愿意女儿嫁给一个穷人，于是就把织女抓回到天上去了。牛郎看到织女被抓走了，赶紧就带着两个孩子追到天上去。

牛郎快要追上的时候，王母娘娘用头上的簪子在他们中间划出了一条大河。宽宽的大河挡住了牛郎的路。就这样，织女在河的东边，牛郎和孩子在河的西边。

很多人喜欢这个故事，都说它是真的。他们还说，牵牛星两边的两颗小星星是他们的孩子。再后来，人们就把牵牛星叫做牛郎星了。

九

天　　上　　星　　星　　亮　　晶　　晶
tiān　shàng　xīng　xing　liàng　jīng　jīng

天黑了，夜晚的天空中出现了许多星星。这些星星像是随意撒上去的钻石，亮晶晶的散落在远近高低不同的地方。落到远处的，看起来小一些，亮光淡一些；落在近处的就大一些，亮光也强一些。因为撒得不匀，有的地方只有稀稀的几颗，有的地方聚集了很多，最多的密密麻麻的，像一条银白色的河。

其实，天上的星星不是随意撒上去的，它们每天晚上都会在同一个地方出来，它们有自己的家。还有的星……

星有好几个家，春夏秋冬住在不同的地方。
星星跟我们一样也有自己的名字，有的叫金星，有的叫火星，还有的叫水星、木星、土星什么的。有几个星星的名字特别好听，比如：摇光星、海石星、孔雀星、紫薇星、织女星、牵牛星，等等。

中国有位诗人写过一首诗，说星星是天上的街灯，他说："天上的明星现了，好像点着无数的街灯。我想那缥缈的空中，定然有美丽的街市。"在诗人的心中，天上有一个美丽的世界。

很多年来，人们一直想去天上转转，于是就有了"嫦娥奔月"、"牛郎织女"的传说；很多年来，星星们也一直想到人间看看，那悄悄划过夜空的一道道亮光，就是偷偷溜向人间的流星。老人们说，流星可以给人们带来幸福和欢乐。所以，每当人们看到流星的时候，都会合起手掌，对着流星默默地许愿，他们希望流星给自己带来幸福，给家人带来欢乐。

十

长城　城　故　宫　兵　马　俑
cháng chéng　gù　gōng　bīng　mǎ　yǒng

中国是一个古老的国家，她有很长的历史，有很多名胜古迹，比如北京的长城、故宫、颐和园，西安的半坡村、兵马俑、大雁塔等等。在中国不管你去哪个城市，都能看到古代留下来的东西。

长城是两千多年前开始建造的，最早建造长城是为了防御北方少数民族的侵略，当时北边的几个国家把他们自己的城墙连接起来，这就是最早的长城。长城的头在山海关，它的尾巴在嘉峪关。因为长城从东向西有一万多里，所以叫做"万里长城"。

来中国旅游的外国人都要去爬长城，长城上有一块石碑，上面写着"不到长城非好汉！"好汉就是英雄，这句话的意思是说，爬上长城的人才是英雄。

故宫是1402年建造的，它是明朝和清朝的皇宫。故宫很大，从南到北有961米长，从东到西有753米宽。书上说宫里面一共有9999间半房屋。故宫的墙是红色的，屋顶是黄色的，站在高处远远望去，一片金黄色，特别漂亮，故宫的南边是世界有名的天安门。

兵马俑是从地下出土的，像真人真马一样大的陶俑。这些陶俑是秦朝的时候制作的，现在出土的已经有一万多个了。这些兵马俑是一支军队，里面有将军，也有士兵。士兵有的牵着马，有的拿着刀剑。当时把这些兵马俑埋在地下，是为了保卫死去的秦始皇的。

参观名胜古迹可以帮助我们了解历史和文化。人们喜欢爬长城、游故宫、看兵马俑，就是想更好地了解中国的历史和文化。

◆ 附录二 练习答案 ◆
◆ 附錄二 練習答案 ◆

Appendix 2 Answer Key

一、 ◆ 为什么尊敬老人？ ◆
◆ 為什麼尊敬老人？ ◆

一、

1. 养成 — 习惯
   養成 — 習慣
2. 遇到 — 麻烦
   遇到 — 麻煩
3. 尊敬 — 老人
   尊敬 — 老人
4. 回答 — 问题
   回答 — 問題
5. 没有 — 礼貌
   沒有 — 禮貌
6. 活动 — 中心
   活動 — 中心

二、

1. b
2. c
3. a
4. c

三、

1. b
2. a
3. c
4. b

二、 ◆ 狗是人的好朋友 ◆
◈ 狗是人的好朋友 ◈

一、

1. 带着 — 孩子
   帶著 — 孩子
2. 声音 — 好听
   聲音 — 好聽
3. 两个 — 故事
   兩個 — 故事
4. 长得 — 好看
   長得 — 好看
5. 落在 — 后面
   落在 — 後面
6. 身上 — 暖和
   身上 — 暖和

二、

1. c
2. c
3. a
4. b

三、

1. c
2. a
3. c
4. b

三、 ✦ 你喜欢什么颜色？ ✦
✦ 你喜歡什麼顏色？ ✦

一、

1. 彩虹 — 颜色
   彩虹 — 顏色
2. 过年 — 春联
   過年 — 春聯
3. 金子 — 富贵
   金子 — 富貴
4. 皇帝 — 宫殿
   皇帝 — 宮殿
5. 白色 — 纯洁
   白色 — 純潔
6. 吉利 — 运气
   吉利 — 運氣

二、

1. c
2. b
3. a
4. c

三、

1. b
2. c
3. b
4. a

四、 ◆ 喝茶喝酒喝咖啡 ◆
◆ 喝茶喝酒喝咖啡 ◆

一、

1. 诗人 — 李白
   詩人 — 李白
2. 饮料 — 解渴
   飲料 — 解渴
3. 研究 — 方法
   研究 — 方法
4. 茶道 — 艺术
   茶道 — 藝術
5. 世界 — 各地
   世界 — 各地
6. 花茶 — 香味
   花茶 — 香味

二、

1. b
2. c
3. a
4. a

三、

1. b
2. c
3. a
4. a

五、 ◆ 快餐盒饭汉堡包 ◆
◆ 快餐盒飯漢堡包 ◆

一、

1. 出外 — 办事
   出外 — 辦事
2. 蔬菜 — 沙拉
   蔬菜 — 沙拉
3. 饭菜 — 味道
   飯菜 — 味道
4. 快餐 — 盒饭
   速食 — 盒飯
5. 米饭 — 面条
   米飯 — 麵條
6. 节约 — 时间
   節約 — 時間

二、

1. c

2. a

3. a

4. a

三、

1. c

2. c

3. a

4. a

六、 ◆ 挂件香包吉祥钱 ◆
◆ 掛件香包吉祥錢 ◆

一、

1. 保佑 — 平安
   保佑 — 平安
2. 蚊虫 — 叮咬
   蚊蟲 — 叮咬
3. 不但 — 而且
   不但 — 而且
4. 观音 — 信仰
   觀音 — 信仰
5. 属相 — 星座
   屬相 — 星座
6. 挂件 — 饰物
   掛件 — 飾物

二、

1. a
2. c
3. b
4. c

三、

1. b
2. b
3. c
4. a

七、 ◆ 扇子剪纸和风筝 ◆
◆ 扇子剪紙和風箏 ◆

一、

1. 画着 — 花鸟
   畫著 — 花鳥
2. 图案 — 剪纸
   圖案 — 剪紙
3. 写着 — 诗词
   寫著 — 詩詞
4. 运动 — 比赛
   運動 — 比賽
5. 祝愿 — 幸福
   祝願 — 幸福
6. 玩具 — 娱乐
   玩具 — 娛樂

二、

1. a
2. b
3. c
4. c

三、

1. a
2. c
3. b
4. c

八、 ✦ 星星的愛情故事 ✦

星星的愛情故事 ◆

一、

1. 生活 — 幸福
   生活 — 幸福
2. 穷人 — 可怜
   窮人 — 可憐
3. 牛郎 — 放牛
   牛郎 — 放牛
4. 爱情 — 故事
   愛情 — 故事
5. 织女 — 织布
   織女 — 織布
6. 明亮 — 星星
   明亮 — 星星

二、

1. b
2. c
3. b
4. b

三、

1. a
2. a
3. b
4. a

◆ 天上星星亮晶晶 ◆
◆ 天上星星亮晶晶 ◆

一、

1. 带来 — 幸福
   帶來 — 幸福
2. 无数 — 街灯
   無數 — 街燈
3. 默默 — 许愿
   默默 — 許願
4. 远近 — 高低
   遠近 — 高低
5. 春夏 — 秋冬
   春夏 — 秋冬
6. 美丽 — 街市
   美麗 — 街市

二、

1. b
2. c
3. b
4. a

三、

1. b
2. c
3. a
4. b

一、

1. 将军 — 士兵
   將軍 — 士兵
2. 了解 — 历史
   瞭解 — 歷史
3. 防御 — 侵略
   防禦 — 侵略
4. 名胜 — 古迹
   名勝 — 古跡
5. 好汉 — 英雄
   好漢 — 英雄
6. 建造 — 长城
   建造 — 長城

二、

1. b
2. c
3. a
4. a

三、

1. b
2. a
3. c
4. b

◆ 生词索引 ◆
生詞索引

Vocabulary Index (Alphabetical by Pinyin)

Pinyin	Simplified Characters	Traditional Characters	Part of Speech	English Definition	Lesson
A					
àimù	爱慕	愛慕	v.	adore; admire	8
àiqíng	爱情	愛情	n.	love	6
B					
bǎwán	把玩	把玩	v.	hold something appreciatively	7
báijiǔ	白酒	白酒	n.	white liquor	4
báisè	白色	白色	n.	white	3
báiyín	白银	白銀	n.	silver	6
Bànpōcūn	半坡村	半坡村	prn.	archaeological site near Xi'an	10
bànshì	办事	辦事	v.	work; handle affairs	5
bāo	包	包	v.	wrap; bundle	3
báobǐng	薄饼	薄餅	n.	pancake	5
bǎoshí	宝石	寶石	n.	jewel; precious stone	6
bǎowèi	保卫	保衛	v.	defend	10
bǎoyòu	保佑	保佑	v.	bless and protect	6
běidǒuxīng	北斗星	北鬥星	prn.	the Big Dipper	9
bèimiàn	背面	背面	n.	back; reverse side	6
běnlái	本来	本來	adv.	originally	4
bǐrú	比如	比如	adv.	for example	4
bǐsàbǐng	比萨饼	比薩餅	n.	pizza	5
bǐsài	比赛	比賽	n.	competition; match	7
biān	编	編	v.	make up; compose	8
biānpào	鞭炮	鞭炮	n.	firecracker	3

Pinyin	Simplified Characters	Traditional Characters	Part of Speech	English Definition	Lesson
biànchéng	变成	變成	*vc.*	change into; become	4
biǎoshì	表示	表示	*v.*	express; indicate	3
bīngdiāo	冰雕	冰雕	*n.*	ice sculpture	7
Bīngmǎyǒng	兵马俑	兵馬俑	*prn.*	Terracotta Warriors	6, 10
bǐnggān	饼干	餅乾	*n.*	cookie	5
bóqíng	薄情	薄情	*adj.*	fickle; inconstant in love	8
bùguǎn	不管	不管	*conj.*	no matter (what, how, etc.)	1
bùjiǔ	不久	不久	*adv.*	soon; before long	8

C

Pinyin	Simplified Characters	Traditional Characters	Part of Speech	English Definition	Lesson
cǎibǐ	彩笔	彩筆	*n.*	colored pencil	3
cǎihóng	彩虹	彩虹	*n.*	rainbow	3
cǎodì	草地	草地	*n.*	grassland; meadow	2
cǎolǜsè	草绿色	草綠色	*n.*	grass green	3
céng	层	層	*n.*	layer; tier	7
chádào	茶道	茶道	*n.*	tea ceremony	4
cháyì	茶艺	茶藝	*n.*	art of brewing, drinking, or serving tea	4
chānfú	搀扶	攙扶	*v.*	support sb. with one's hand	1
Chángchéng	长城	長城	*prn.*	the Great Wall of China	10
cháng'ébēnyuè	嫦娥奔月	嫦娥奔月	*prn.*	Legend of Chang'e	9
chéngqiáng	城墙	城牆	*n.*	city wall	10
chéngsè	橙色	橙色	*n.*	orange	3

Pinyin	Simplified Characters	Traditional Characters	Part of Speech	English Definition	Lesson
chéngshì	城市	城市	*n.*	city; town	1
chīsù	吃素	吃素	*v.*	be a vegetarian	5
chóngzi	虫子	蟲子	*n.*	insect	6
chūtǔ	出土	出土	*v.*	be unearthed; be excavated	10
chūwài	出外	出外	*v.*	go out	5
chūxiàn	出现	出現	*v.*	appear; arise	1
chuán	传	傳	*v.*	pass on; hand down	4
chuánshuō	传说	傳說	*n.*	legend	8
chuāngkǒu	窗口	窗口	*n.*	window	5
chūnlián	春联	春聯	*n.*	Spring Festival couplets (pasted on gateposts or doors)	3
chúnjié	纯洁	純潔	*adj.*	pure	3
cìxiù	刺绣	刺繡	*n.*	embroidery	7

D

Pinyin	Simplified Characters	Traditional Characters	Part of Speech	English Definition	Lesson
Dàyàntǎ	大雁塔	大雁塔	*prn.*	Great Wild Goose Pagoda	10
dàn	淡	淡	*adj.*	weak	9
dànnǎihōngbǐng	蛋奶烘饼	蛋奶烘餅	*n.*	waffle	5
dǎngzhù	挡住	擋住	*v.*	block; obstruct	8
dāojiàn	刀剑	刀劍	*n.*	knife and sword	10
dào	倒	倒	*v.*	invert; turn upside down	7
dìxià	地下	地下	*n.*	underground	10
diǎnzháo	点着	點著	*v.*	light (a lamp, fire, etc.)	9

Pinyin	Simplified Characters	Traditional Characters	Part of Speech	English Definition	Lesson
diāosù	雕塑	雕塑	*n.*	sculpture	7
diàozhuì	吊坠	吊墜	*n.*	pendant	6
dīng	叮	叮	*v.*	sting; bite	6
dìngrán	定然	定然	*adv.*	certainly; definitely	9
Dōng Hàn	东汉	東漢	*prn.*	Eastern Han Dynasty (A.D. 25–220)	10
dòng	冻	凍	*v.*	freeze	2
dùshù	度数	度數	*n.*	degree (of strength of liquor)	4
duānwǔjié	端午节	端午節	*prn.*	Dragon Boat Festival (the fifth day of the fifth lunar month)	6
duìzhe	对着	對著	*prep.*	toward	2
duōqíng	多情	多情	*adj.*	passionate; full of tenderness	8

E

Pinyin	Simplified Characters	Traditional Characters	Part of Speech	English Definition	Lesson
értóng	儿童	兒童	*n.*	children	1
ěrhuán	耳环	耳環	*n.*	earring	6

F

Pinyin	Simplified Characters	Traditional Characters	Part of Speech	English Definition	Lesson
fājiào	发酵	發酵	*v.*	ferment	4
fāxiàn	发现	發現	*v.*	find; discover	2
fàqiǎ	发卡	髮卡	*n.*	hairpin	6
fángwū	房屋	房屋	*n.*	houses; buildings	10
fángyù	防御	防禦	*v.*	defend; guard	10

Pinyin	Simplified Characters	Traditional Characters	Part of Speech	English Definition	Lesson
fàngniú	放牛	放牛	*vo.*	herd cattle	8
fēi	非	非	*adv.*	not	10
fēnkāi	分开	分開	*v.*	separate; part	6
fěnhóngsè	粉红色	粉红色	*n.*	pink	3
fēngzheng	风筝	風筝	*n.*	kite	7
fèng	凤	鳳	*n.*	phoenix	6
fú	福	福	*n.*	good fortune; blessing	7
fúdiāo	浮雕	浮雕	*n.*	relief sculpture	7
fùguì	富贵	富貴	*n.*	wealth and honor	3

G

Pinyin	Simplified Characters	Traditional Characters	Part of Speech	English Definition	Lesson
gǎnjǐn	赶紧	趕緊	*adv.*	hurriedly	2
gǎnqíng	感情	感情	*n.*	emotion; feeling	8
gōngdiàn	宫殿	宫殿	*n.*	palace	3
gōnggòngqìchē	公共汽车	公共汽車	*n.*	bus	1
gōngyìpǐn	工艺品	工藝品	*n.*	handicraft	7
gǒu	狗	狗	*n.*	dog	2
gǔlǎo	古老	古老	*adj.*	ancient	7
Gùgōng	故宫	故宫	*prn.*	the Imperial Palace	10
guàjiàn	挂件	掛件	*n.*	pendant	6
guānyīn púsà	观音菩萨	觀音菩薩	*prn.*	Guanyin (Buddhist Goddess of Mercy)	6
guāngdài	光带	光帶	*n.*	band of light	8
guìhuāchóujiǔ	桂花稠酒	桂花稠酒	*n.*	Osmanthus-flavored rice wine	4
Guìzhōu	贵州	貴州	*prn.*	Guizhou Province	4

Pinyin	Simplified Characters	Traditional Characters	Part of Speech	English Definition	Lesson
guóhuà	国画	國畫	n.	traditional Chinese painting	7
guǒzhī	果汁	果汁	n.	fruit juice	4
guòmǎlù	过马路	過馬路	vo.	cross the street	1

H

hǎishíxīng	海石星	海石星	prn.	Avior (name of a star)	9
hǎiwángxīng	海王星	海王星	prn.	Neptune	9
hányì	含义	含義	n.	meaning; connotation	3
hànbǎobāo	汉堡包	漢堡包	n.	hamburger	5
hǎohàn	好汉	好漢	n.	true man	10
hé	合	合	v.	join; combine	6
héchéng	合成	合成	v.	compose	3
hé	盒	盒	m.	measure word for boxes or cases	3
héfàn	盒饭	盒飯	n.	box lunch	5
hēisè	黑色	黑色	n.	black	3
héngxīng	恒星	恒星	n.	fixed star	9
hóngchá	红茶	紅茶	n.	black tea	4
hóngjiǔ	红酒	紅酒	n.	red wine	4
hóngsè	红色	紅色	n.	red	3
húdié	蝴蝶	蝴蝶	n.	butterfly	7
hǔ	虎	虎	n.	tiger	2
hùshēnfú	护身符	護身符	n.	amulet; protective talisman	6
huāchá	花茶	花茶	n.	scented tea	4

Pinyin	Simplified Characters	Traditional Characters	Part of Speech	English Definition	Lesson
huāpíng	花瓶	花瓶	n.	flower vase	7
huà	划	劃	v.	draw; mark	8
huāniǎo	花鸟	花鳥	n.	flowers and birds	7
huángdì	皇帝	皇帝	n.	emperor	3
huánggōng	皇宫	皇宮	n.	imperial palace	10
huánghé	黄河	黃河	prn.	Yellow River	3
huángjīn	黄金	黃金	n.	gold	6
huángsè	黄色	黃色	n.	yellow	3
huīsè	灰色	灰色	n.	gray	3
hūnyīn jièshàosuǒ	婚姻介绍所	婚姻介紹所	n.	matrimonial agency	1
huódòng zhōngxīn	活动中心	活動中心	n.	activity center	1
huǒtuǐcháng	火腿肠	火腿腸	n.	ham sausage	5
huǒxīng	火星	火星	prn.	Mars	9

J

Pinyin	Simplified Characters	Traditional Characters	Part of Speech	English Definition	Lesson
jī	鸡	雞	n.	chicken	2
jīchì	鸡翅	雞翅	n.	chicken wing	5
jīròujuǎn	鸡肉卷	雞肉卷	n.	chicken wrap	5
jīběn	基本	基本	adj.	basic	3
jīqíng	激情	激情	n.	passion; enthusiasm	8
jílì	吉利	吉利	n.	good luck	3
jíxiáng	吉祥	吉祥	adj.	lucky	6
jìmò	寂寞	寂寞	adj.	lonely	8
jiā	夹	夾	v.	place in between	5

Pinyin	Simplified Characters	Traditional Characters	Part of Speech	English Definition	Lesson
jiā	加	加	*v.*	add; put in	4
jiāfànjiǔ	加饭酒	加飯酒	*n.*	Jiafan rice wine	4
Jiāyùguān	嘉峪关	嘉峪關	*prn.*	Great Wall pass in Gansu Province	10
jià	嫁	嫁	*v.*	(of a woman) marry	8
jiǎnchái	捡柴	撿柴	*vo.*	gather firewood	2
jiǎnzhǐ	剪纸	剪紙	*n.*	paper-cut	7
jiànmiàn	见面	見面	*vo.*	meet; see	8
jiànzào	建造	建造	*v.*	build; construct	10
jiāngjūn	将军	將軍	*n.*	general (in the military)	10
jiǎoliàn	脚链	腳鏈	*n.*	ankle bracelet	6
jiēdēng	街灯	街燈	*n.*	streetlight	9
jiēshì	街市	街市	*n.*	downtown streets	9
jiéhūn	结婚	結婚	*v.*	marry; get married	3
jiéyuē	节约	節約	*v.*	economize; save	5
jiěkě	解渴	解渴	*v.*	quench one's thirst	4
jièmòjiàng	芥末酱	芥末醬	*n.*	mustard	5
jièzhi	戒指	戒指	*n.*	ring (for the finger)	6
jīnhuángsè	金黄色	金黃色	*n.*	golden yellow	3
jīnshǔ	金属	金屬	*n.*	metal	6
jīnxīng	金星	金星	*prn.*	Venus	9
jīnzi	金子	金子	*n.*	gold	3
Jìncháo	晋朝	晉朝	*prn.*	Jin Dynasty (A.D. 265–420)	10
jǐngtàilán	景泰蓝	景泰藍	*n.*	cloisonné	7
jiǔguǐ	酒鬼	酒鬼	*n.*	alcoholic; drunkard	4

Pinyin	Simplified Characters	Traditional Characters	Part of Speech	English Definition	Lesson
jiù	救	救	*v.*	rescue; save	2
júzizhī	橘子汁	橘子汁	*n.*	orange juice	4
jùjí	聚集	聚集	*v.*	gather; assemble	9
juǎnmáo	卷毛	卷毛	*n.*	curly hair	2
jūnduì	军队	軍隊	*n.*	army; armed forces	10

K

kāfēi	咖啡	咖啡	*n.*	coffee	4
kāixīn	开心	開心	*adj.*	happy	8
kào	靠	靠	*v.*	lean on	2
kě'ài	可爱	可愛	*adj.*	lovable; cute	8
kělián	可怜	可憐	*adj.*	pitiful	2
kěndéjī	肯德基	肯德基	*prn.*	Kentucky Fried Chicken	5
kōngzhōng	空中	空中	*n.*	sky; air	9
kǒngquèxīng	孔雀星	孔雀星	*prn.*	Peacock (name of a star)	9
kùjiǎo	裤脚	褲腳	*n.*	bottom of a pant leg	2
kuàicāndiàn	快餐店	快餐店	*n.*	fast food restaurant	5
kuān	宽	寬	*adj.*	wide	8

L

là	落	落	*v.*	lag behind	2
lánsè	蓝色	藍色	*n.*	blue	3
láng	狼	狼	*n.*	wolf	2
làngmàn	浪漫	浪漫	*adj.*	romantic	8

Pinyin	Simplified Characters	Traditional Characters	Part of Speech	English Definition	Lesson
lǎonián (rén)	老年(人)	老年(人)	*n.*	old age; the elderly	1
lǎorénjia	老人家	老人家	*n.*	a respectful form of address for an old person	1
lǎotóur	老头儿	老頭兒	*n.*	(informal) old man; old chap	1
lǐ	理	理	*v.*	pay attention to	2
lǐ	里	裏	*n.*	Chinese unit of length (equal to half a kilometer)	10
Lǐ Bái	李白	李白	*prn.*	celebrated Tang Dynasty poet	4
lǐmào	礼貌	禮貌	*n.*	courtesy; politeness	1
lǐpǐn	礼品	禮品	*n.*	gift; present	7
lìshǐ	历史	歷史	*n.*	history	10
lián	连	連	*v.*	link; join	7
liánjiē	连接	連接	*v.*	join; link	10
liáng	凉	涼	*adj.*	cool	7
liàngguāng	亮光	亮光	*n.*	light	9
liàngjīngjīng	亮晶晶	亮晶晶	*adj.*	glittering; sparkling	9
liū	溜	溜	*v.*	sneak off; slip away	9
liúxīng	流星	流星	*n.*	shooting star	9
lóng	龙	龍	*n.*	dragon	3
lǜchá	绿茶	綠茶	*n.*	green tea	4
lǜsè	绿色	綠色	*n.*	green	3
luò	落	落	*v.*	fall; drop	9

Pinyin	Simplified Characters	Traditional Characters	Part of Speech	English Definition	Lesson
M					
máfan	麻烦	麻煩	*n.*	trouble; problem	1
mápódòufu	麻婆豆腐	麻婆豆腐	*n.*	mapo tofu	5
mǎ	马	馬	*n.*	horse	2
mái	埋	埋	*v.*	cover up (with earth, snow, etc.); bury	10
màidāngláo	麦当劳	麥當勞	*prn.*	McDonald's	5
māo	猫	貓	*n.*	cat	2
máotáijiǔ	茅台酒	茅臺酒	*n.*	Maotai wine	4
mǐ	米	米	*n.*	meter	10
mìmìmámá	密密麻麻	密密麻麻	*adj.*	thickly dotted; numerous	9
miànbāo	面包	麵包	*n.*	bread	5
mínjiān	民间	民間	*n.*	folk	7
míng	明	明	*adj.*	bright	9
Míngcháo	明朝	明朝	*prn.*	Ming Dynasty (A.D. 1368–1644)	10
míngliàng	明亮	明亮	*adj.*	bright	8
míngshènggǔjì	名胜古迹	名勝古跡	*n.*	a place famous for its scenery or historical relics	10
míngwángxīng	冥王星	冥王星	*prn.*	Pluto	9
mòlihuā	茉莉花	茉莉花	*n.*	jasmine	4
mòmòde	默默地	默默地	*adv.*	quietly; silently	9
mùdiāo	木雕	木雕	*n.*	wood carving	7
mùxīng	木星	木星	*prn.*	Jupiter	9

Pinyin	Simplified Characters	Traditional Characters	Part of Speech	English Definition	Lesson
N					
nǎichá	奶茶	奶茶	*n.*	tea with milk	4
nǎilào	奶酪	奶酪	*n.*	cheese	5
nǎilàohànbǎo	奶酪汉堡	奶酪漢堡	*n.*	cheeseburger	5
nǎisūmiànbāo	奶酥面包	奶酥麵包	*n.*	biscuit	5
Nánběicháo	南北朝	南北朝	*prn.*	Southern and Northern Dynasty (A.D. 420–589)	10
nánshòu	难受	難受	*adj.*	unhappy; unwell	4
niánqīng (rén)	年轻(人)	年輕(人)	*n.*	youth; young people	1
niǎo	鸟	鳥	*n.*	bird	2
níngjìng	宁静	寧静	*adj.*	peaceful; quiet	3
niú	牛	牛	*n.*	cow	2
niúláng	牛郎	牛郎	*n.*	cowherd	8
niúnǎi	牛奶	牛奶	*n.*	milk	4
niúròu	牛肉	牛肉	*n.*	beef	5
nòngshī	弄湿	弄濕	*vc.*	get wet	2
nuǎnhuo	暖和	暖和	*adj.*	warm	2
P					
pā	趴	趴	*v.*	lie on one's stomach	2
pàochá	泡茶	泡茶	*vo.*	make tea	4
pífū	皮肤	皮膚	*n.*	skin	3
píjiǔ	啤酒	啤酒	*n.*	beer	4
piāomiǎo	缥缈	縹緲	*adj.*	dimly discernible	9
pīnmìng	拼命	拼命	*vo.*	risk one's life	2
píng'ān	平安	平安	*adj.*	safe and sound	6

Pinyin	Simplified Characters	Traditional Characters	Part of Speech	English Definition	Lesson
píngguǒzhī	苹果汁	蘋果汁	n.	apple juice	4
pútáojiǔ	葡萄酒	葡萄酒	n.	(grape) wine	4

Q

Pinyin	Simplified Characters	Traditional Characters	Part of Speech	English Definition	Lesson
qítā	其他	其他	pn.	others; the rest	3
qiān	牵	牽	v.	lead along (by holding the hand)	8
qiānniúxīng	牵牛星	牽牛星	prn.	Altair (star)	8
qiáng	强	強	adj.	strong; powerful	9
qiāoqiāo	悄悄	悄悄	adv.	stealthily; secretly	9
qīnjìn	亲近	親近	v.	be close to	8
qīnmì	亲密	親密	adj.	close; intimate	8
qīnlüè	侵略	侵略	n.	aggression; invasion	10
Qíncháo	秦朝	秦朝	prn.	Qin Dynasty (221–206 B.C.)	10
Qín Shǐ huáng	秦始皇	秦始皇	prn.	Qin Shihuang, the emperor who first unified China	10
qīngcài	青菜	青菜	n.	green vegetables	5
Qīngcháo	清朝	清朝	prn.	Qing Dynasty (A.D. 1644–1911)	10
qīngnián (rén)	青年(人)	青年(人)	n.	youth; young people	1
qīngsè	青色	青色	n.	blue or green	3
qīngshàonián	青少年	青少年	n.	teenagers; adolescence	1
qióng	穷	窮	adj.	poor	8
quān	圈	圈	n.	ring; circle	5
quánshìjiè	全世界	全世界	n.	the whole world	1
què	却	卻	conj.	but; however	4

Pinyin	Simplified Characters	Traditional Characters	Part of Speech	English Definition	Lesson
R					
ràngzuòwèi	让座位	讓座位	*vo.*	offer (or give up) one's seat to sb.	1
règǒu	热狗	熱狗	*n.*	hot dog	5
rénjiān	人间	人間	*n.*	the human world	8
rúguǒ	如果	如果	*conj.*	if; in case	1
ruǎn	软	軟	*adj.*	soft	5
ruǎnmiànbāoquān	软面包圈	軟麵包圈	*n.*	doughnut	5
S					
sǎ	洒	灑	*v.*	sprinkle; spray	2
sǎ	撒	撒	*v.*	sprinkle; scatter	9
Sānguó	三国	三國	*prn.*	Three Kingdoms (A.D. 220–280)	10
sānmíngzhì	三明治	三明治	*n.*	sandwich	5
sǎnluò	散落	散落	*v.*	be scattered	9
shālā	沙拉	沙拉	*n.*	salad	5
Shānhǎiguān	山海关	山海關	*prn.*	Great Wall pass in Hebei Province	10
shānshuǐ	山水	山水	*n.*	mountains and water; landscape	7
Shǎnxī	陕西	陝西	*prn.*	Shaanxi Province	4
shànzi	扇子	扇子	*n.*	fan	7
Shāngcháo	商朝	商朝	*prn.*	Shang Dynasty (1600–1046 B.C.)	10
shānggǎn	伤感	傷感	*adj.*	heartsick; sentimental	8
shāngxīn	伤心	傷心	*adj.*	sad; broken-hearted	8
shāo	烧	燒	*v.*	burn	2

Pinyin	Simplified Characters	Traditional Characters	Part of Speech	English Definition	Lesson
shǎoshùmínzú	少数民族	少數民族	n.	ethnic minority	10
shàonán	少男	少男	n.	young boy	1
shàonián	少年	少年	n.	early youth	1
shàonǚ	少女	少女	n.	young girl	1
Shàoxīng	绍兴	紹興	prn.	Shaoxing city	4
shé	蛇	蛇	n.	snake	2
shēngcài	生菜	生菜	n.	lettuce	5
shēnghuó	生活	生活	n.	life	1
shēngmìng	生命	生命	n.	life	2
shēngqì	生气	生氣	v.	get angry	8
shī	诗	詩	n.	poetry	4
shīcí	诗词	詩詞	n.	poetry	7
shíbēi	石碑	石碑	n.	stone tablet; stele	10
shídiāo	石雕	石雕	n.	stone carving	7
shízìjià	十字架	十字架	n.	cross	6
shìbīng	士兵	士兵	n.	soldiers	10
shìwù	饰物	飾物	n.	ornament	6
shǒujī	手机	手機	n.	cell phone	6
shǒuliàn	手链	手鏈	n.	bracelet (made of rope or soft material)	6
shǒuzhǎng	手掌	手掌	n.	palm of the hand	9
shǒuzhuó	手镯	手鐲	n.	bracelet (made of metal or hard material)	6
shūcài	蔬菜	蔬菜	n.	vegetables	5
shūfǎ	书法	書法	n.	calligraphy; penmanship	7

Pinyin	Simplified Characters	Traditional Characters	Part of Speech	English Definition	Lesson
shǔbùqīng	数不清	數不清	*adj.*	countless	3
shǔxiàng	属相	屬相	*n.*	Chinese zodiac	6
shuǐgōu	水沟	水溝	*n.*	ditch	2
shuǐjīng	水晶	水晶	*n.*	crystal	6
shuǐxīng	水星	水星	*prn.*	Mercury	9
sīniàn	思念	思念	*v.*	think of; miss	8
sōngbǐng	松饼	松餅	*n.*	muffin	5
Sòngcháo	宋朝	宋朝	*prn.*	Song Dynasty (A.D. 960–1279)	10
sùliào	塑料	塑料	*n.*	plastic	6
suànmiànbāo	蒜面包	蒜麵包	*n.*	garlic bread	5
suíbiàn	随便	隨便	*adj.*	casual; as one pleases	2
Suícháo	隋朝	隋朝	*prn.*	Sui Dynasty (A.D. 581–618)	10
suíyì	随意	隨意	*adv.*	as one pleases; randomly	9
suǒyǒu	所有	所有	*adj.*	all	1

T

Pinyin	Simplified Characters	Traditional Characters	Part of Speech	English Definition	Lesson
Tángcháo	唐朝	唐朝	*prn.*	Tang Dynasty (A.D. 618–907)	4, 10
tǎng	躺	躺	*v.*	lie down; recline	2
táoyǒng	陶俑	陶俑	*n.*	pottery figurine	10
tèbié	特别	特別	*adv.*	especially; particularly	1
Tiān'ānmén	天安门	天安門	*prn.*	the Gate of Heavenly Peace	10
tiāndì	天帝	天帝	*prn.*	God of Heaven	8

Pinyin	Simplified Characters	Traditional Characters	Part of Speech	English Definition	Lesson
tiānkōng	天空	天空	*n.*	sky	8
tiānlánsè	天蓝色	天藍色	*n.*	sky blue; azure	3
Tiāntán	天坛	天壇	*prn.*	the Temple of Heaven	10
tiānwángxīng	天王星	天王星	*prn.*	Uranus	9
tiánmì	甜蜜	甜蜜	*adj.*	sweet; happy	8
tiántiánquān	甜甜圈	甜甜圈	*prn.*	Dunkin' Donuts	5
tiē	贴	貼	*v.*	paste; stick	7
tóngnián	童年	童年	*n.*	childhood	1
tóngqián	铜钱	銅錢	*n.*	copper money	6
tōutōude	偷偷地	偷偷地	*adv.*	secretly	8
tú'àn	图案	圖案	*n.*	pattern; design	7
tǔdì	土地	土地	*n.*	land; soil	3
tǔdòuní	土豆泥	土豆泥	*n.*	mashed potatoes	5
tǔxīng	土星	土星	*prn.*	Saturn	9
tù	兔	兔	*n.*	rabbit	2

W

Pinyin	Simplified Characters	Traditional Characters	Part of Speech	English Definition	Lesson
wáwa	娃娃	娃娃	*n.*	baby; doll	6
wánjù	玩具	玩具	*n.*	toy	7
wángmǔ niángniang	王母娘娘	王母娘娘	*prn.*	Queen of Heaven	8
wàng	望	望	*v.*	gaze into the distance	10
wěiba	尾巴	尾巴	*n.*	tail; end part	10
wèi	喂	喂	*int.*	hello; hey	1
wèidào	味道	味道	*n.*	taste; flavor	5
wénzhāng	文章	文章	*n.*	essay; article	4

Pinyin	Simplified Characters	Traditional Characters	Part of Speech	English Definition	Lesson
wénzì	文字	文字	*n.*	characters	1
wénzi	蚊子	蚊子	*n.*	mosquito	6
wèntí	问题	問題	*n.*	problem; trouble	1
wūdǐng	屋顶	屋頂	*n.*	roof; top of a house	10
wúshù	无数	無數	*adj.*	countless	9
Wǔdài	五代	五代	*prn.*	Five Dynasties (A.D. 907–960)	10
wǔdǎo	舞蹈	舞蹈	*n.*	dance	7

X

Pinyin	Simplified Characters	Traditional Characters	Part of Speech	English Definition	Lesson
xī	稀	稀	*adj.*	thin	9
Xī'ān	西安	西安	*prn.*	city in Shaanxi Province	10
Xī Hàn	西汉	西漢	*prn.*	Western Han Dynasty (206 B.C.–A.D. 25)	10
xīhóngshì chǎojīdàn	西红柿炒鸡蛋	西紅柿炒雞蛋	*n.*	scrambled eggs with tomatoes	5
xīhóngshìjiàng	西红柿酱	西紅柿醬	*n.*	ketchup	5
xīwàng	希望	希望	*v.*	hope; wish	3
xíguàn	习惯	習慣	*n.*	custom; habit	1
xǐ	囍	囍	*n.*	double happiness	7
Xiàcháo	夏朝	夏朝	*prn.*	Xia Dynasty (2070–1600 B.C.)	10
xiàn (chūxiàn)	现(出现)	現(出現)	*v.*	appear	9
xiāngbāo	香包	香包	*n.*	sachet bag; scented bag	6
xiāngbīnjiǔ	香槟酒	香檳酒	*n.*	champagne	4

Pinyin	Simplified Characters	Traditional Characters	Part of Speech	English Definition	Lesson
xiāngmù	香木	香木	*n.*	scented wood	7
xiāngwèi	香味	香味	*n.*	sweet smell; fragrance	4
xiāngxiāngde	香香的	香香的	*adj.*	(of sleep) sound	2
xiàngliàn	项链	項鏈	*n.*	necklace	6
xiǎoháir	小孩儿	小孩兒	*n.*	child	1
xiǎohuǒzi	小伙子	小夥子	*n.*	young fellow; boy	1
Xiǎoyàntǎ	小雁塔	小雁塔	*prn.*	Small Wild Goose Pagoda	10
xīnláng	新郎	新郎	*n.*	bridegroom	3
xīnniáng	新娘	新娘	*n.*	bride	3
xīnshǎng	欣赏	欣賞	*v.*	appreciate; enjoy	7
xìnyǎng	信仰	信仰	*n.*	faith; belief	6
xīngzuò	星座	星座	*n.*	constellation	6
xíngxīng	行星	行星	*n.*	planet	9
xíngzhuàng	形状	形狀	*n.*	form; shape	6
xìngfú	幸福	幸福	*adj.*	happy	7
xiōngzhēn	胸针	胸針	*n.*	brooch	6
xióng	熊	熊	*n.*	bear	2
xūyào	需要	需要	*v.*	need; want	1
xǔyuàn	许愿	許願	*v.*	wish; make a vow to a god	9
xuěbì	雪碧	雪碧	*prn.*	Sprite	4

Y

Pinyin	Simplified Characters	Traditional Characters	Part of Speech	English Definition	Lesson
yā	鸭	鴨	*n.*	duck	2
yāsuìqián	压岁钱	壓歲錢	*n.*	money given to children as a Chinese New Year gift	3

Pinyin	Simplified Characters	Traditional Characters	Part of Speech	English Definition	Lesson
yánsè	颜色	顏色	*n.*	color	3
yǎnbābāde	眼巴巴地	眼巴巴地	*adv.*	helplessly; anxiously	2
yáng	羊	羊	*n.*	sheep	2
Yáng Shēng	杨生	楊生	*prn.*	person's name	2
yǎng	养	養	*v.*	raise; nourish	2
yǎngchéng	养成	養成	*vr.*	get used to	1
yáoguāngxīng	摇光星	搖光星	*prn.*	Alkaid (star in the Big Dipper)	9
yǎo	咬	咬	*v.*	bite	6
yīliàn	依恋	依戀	*v.*	be reluctant to leave	8
yīzhí	一直	一直	*adv.*	continuously; always	1
yíduì	一对	一對	*n.*	a pair	8
Yíhéyuán	颐和园	頤和園	*prn.*	the Summer Palace	10
yìshù	艺术	藝術	*n.*	art	4
yínbáisè	银白色	銀白色	*n.*	silvery white color	8
yínhé	银河	銀河	*prn.*	the Milky Way	8
yǐnliào	饮料	飲料	*n.*	drink; beverage	4
yīng'ér	婴儿	嬰兒	*n.*	infant	1
yīnggāi	应该	應該	*aux.*	should; ought to	1
yīngxióng	英雄	英雄	*n.*	hero	10
yìng	硬	硬	*adj.*	hard	5
yìngmiànbāoquān	硬面包圈	硬麵包圈	*n.*	bagel	5
yòngchù	用处	用處	*n.*	use	7
yóu (yóulǎn)	游(游览)	遊(遊覽)	*v.*	go sightseeing; tour	10
yóuhuà	油画	油畫	*n.*	oil painting	7
yòu'ér	幼儿	幼兒	*n.*	child; infant	1

Pinyin	Simplified Characters	Traditional Characters	Part of Speech	English Definition	Lesson
yúlè	娱乐	娛樂	v.	entertainment; recreation	7
yùdào	遇到	遇到	v.	meet unexpectedly; run into	1
yùshí	玉石	玉石	n.	jade	6
Yuáncháo	元朝	元朝	prn.	Yuan Dynasty (A.D. 1206–1368)	10
yuànyì	愿意	願意	v.	be willing; like	1
yún	匀	匀	adj.	even; well-distributed	9
yùndòng	运动	運動	n.	sports; athletics	7
yùnqi	运气	運氣	n.	fortune; luck	3

Z

Pinyin	Simplified Characters	Traditional Characters	Part of Speech	English Definition	Lesson
zārǎn	扎染	紮染	n.	tie-dye	7
zānzi	簪子	簪子	n.	hair clasp	8
zhá	炸	炸	v.	deep-fry	5
zháshǔtiáo	炸薯条	炸薯條	n.	French fries	5
zháxiǎojīkuài	炸小鸡块	炸小雞塊	n.	chicken nuggets	5
zháohuǒ	着火	著火	v.	catch fire	2
zhé	折	折	v.	fold	7
zhēnzhū	珍珠	珍珠	n.	pearl	6
zhībù	织布	織布	vo.	weave cloth	8
zhīnǚxīng	织女星	織女星	prn.	Vega (star)	8
zhīshi	知识	知識	n.	knowledge	1
zhìzuò	制作	制作	v.	make; manufacture	4
Zhōngguójié	中国结	中國結	n.	Chinese knot	7

Pinyin	Simplified Characters	Traditional Characters	Part of Speech	English Definition	Lesson
zhōngnián (rén)	中年(人)	中年(人)	*n.*	middle age; middle-aged person	1
zhōnglóu	钟楼	鐘樓	*prn.*	bell tower	10
Zhōucháo	周朝	周朝	*prn.*	Zhou Dynasty (1046–256 B.C.)	10
zhū	猪	豬	*n.*	pig	2
zhǔyào	主要	主要	*adj.*	main; major	4
zhùyuàn	祝愿	祝願	*v.*	wish	7
zhuā	抓	抓	*v.*	grab	2, 8
zhuànzhuan	转转	轉轉	*v.*	stroll; go for a walk	9
zhuàngnián	壮年	壯年	*n.*	the more robust years of a person's life (between 30 and 50)	1
zhuī	追	追	*v.*	chase; pursue	8
zǐsè	紫色	紫色	*n.*	purple	3
zǐwēixīng	紫薇星	紫薇星	*prn.*	North Star	9
zǔxiān	祖先	祖先	*n.*	ancestors	3
zuànshí	钻石	鑽石	*n.*	diamond	6, 9
zuì	醉	醉	*v.*	be drunk; be intoxicated	2
zūnjìng	尊敬	尊敬	*v.*	respect; honor	1